蜗牛式创业

陈博 著

北京日报出版社

图书在版编目（CIP）数据

蜗牛式创业 / 陈博著 . — 北京：北京日报出版社，2024.2
　　ISBN 978-7-5477-4503-8

　　Ⅰ . ①蜗… Ⅱ . ①陈… Ⅲ . ①创业 – 研究 Ⅳ . ① F241.4

中国国家版本馆 CIP 数据核字（2023）第 007248 号

蜗牛式创业

出版发行：北京日报出版社
地　　址：北京市东城区东单三条 8-16 号东方广场东配楼四层
邮　　编：100005
电　　话：发行部：（010）65255876
　　　　　总编室：（010）65252135
印　　刷：武汉鑫佳捷印务有限公司
经　　销：各地新华书店
版　　次：2024 年 2 月第 1 版
　　　　　2024 年 2 月第 1 次印刷
开　　本：710 毫米 ×1000 毫米　1/16
印　　张：12
字　　数：240 千字
定　　价：78.00 元

版权所有，侵权必究，未经许可，不得转载

创业之创

最早接触到"创业"二字，是在儿时看到母亲阅读的那部长篇小说《创业史》。后来，又有了一部名叫《创业》的电影。但无论小说还是电影，都未能引起我的兴趣，至于究竟什么叫作创业，我还是一直不大明白的，只当它是一个挺革命、挺时髦的词语而已。

再后来，尽管已成人，但对于创业这一词语的意思，我也仍是不明就里。准确地说，它早就被我淡忘了，因为几乎没人再提起创业二字。即使偶尔由于学术研究的缘故，需要找出柳青的《创业史》再翻一翻，我亦依旧没有要深究创业之意的念头。对我而言，它就是停留在既往时代里的一个历史符号，有如一幅标语或如一枚胸章。

接着，它便被另一个呼啸而来的词语彻底淹没了，这个词语就是创新。一时间，各个领域、各个行业，都开始争先恐后地大谈创新。甚至有个开公交车的亲戚也为此找到我，他被评上了全市劳动模范，上级领导要求他从创新的角度写篇介绍工作经验的发言稿。

介绍工作经验对我这位亲戚来说倒是不难，难的是如何从创新的角度来介绍。他丈二和尚摸不着头脑：开车不就是开车嘛，还能有个什么创新法呢？当过政府部门秘书的我确实帮领导写过不少发言稿，但写这样的发言稿，其本身之于我岂不就是一种创新的要求？

绞尽脑汁，最终我总算把这篇发言稿给拼凑出来了。我的亲戚很是满意，亲戚的领导也很是满意，据说那天表彰会上的发言反响也是相当不错的。可在这一片赞叹声中，我所能想到的仅仅是所谓创新的荒诞。我感觉自己不是写了一篇发言稿，而是创作了一篇荒诞小说。

照理说，创新应该属于一种行动，绝不是一个单纯的名词。但在我这里，它却沦为了没有具体动作指向的动词，其仅有的行动便是伪装自身，即用另一些名词和另一些形式来粉饰自己。比如说，我可以把司机理解成医生，也可以将其理解成警察，但就是不能再把司机当作司机。

表面看来，我的说法是崭新的，但这崭新仅止于外在。它是没有内容的崭新，是局限于视觉的崭新，故此只能是暂时性的崭新。终究，它还是为了不再崭新，让自身归于陈旧和黯淡的命运。显然，从这一意义说来，我们所追求的创新不过是种幻觉，它的前提是遗忘和遮掩，它的目的则是虚无和死亡。

归根结底，创新不是创造，它只是满足于新奇，满足于喝彩，是对平凡和孤独的恐惧。如果说创造是爱、是给予，那么创新只能是恨、是索取。创造属于无中生有，而创新却是巧取豪夺。创造根源于自由的理性，将生命投向未来，创新则基于任性的冲动，企图将生命永久禁锢于当下的瞬间。它厌恶过去，同时也忌惮未来。我以为，这些就是创新与创造的本质性不同。

如今，创新的喧嚣虽然尚未趋于沉寂，创业的呼声却开始日渐高涨。毫无疑问，这是我们迫于现实压力的一次调整。终于，创业这个词语从曾经国计层面的宏大叙事转向了民生维度的日常实践。换言之，它从没像此刻这样靠近我们每一个人的生活。当年的国家创业正在作为创造性就业的方式，成为我们许多公民，尤其是大学毕业生的个人体验。

当就业发生危机或者人们不再安于职业现状时，创业就变成了最有效的突围方式。有鉴于此，陈博的《蜗牛式创业》这本书可谓应运而生。不过，我想指出的是，它绝非陈博为了投机取巧而作。事实上，这是一本经验之书、忠告之书，充满了一个有良知的企业家的责任感和使命感。

陈博提出的所谓蜗牛式创业，即指一种不贪大求快的创业模式，始终以稳健发展为要义。在陈博看来，蜗牛背上的壳既意味着某种责任，也意味着某种保护。所以，在此种条件下的创业自然应当遵循保守主义的策略，切忌轻举妄动。

我想，陈博之所以如此认同蜗牛式创业，一定是因为见证过太多创业失败案例的缘故吧。当然，我也不认为他由此总结出的对策就是悲观怯懦的表现。恰恰相反，在陈博面面俱到的侃侃而谈中，我看到的乃是高屋建瓴的自信，是他对创业规律以及创业者人性的深刻洞察。

一直以来，我都梦想着在海边开家小店，创造自己的另一种生活。在阅毕《蜗牛式创业》之后，这个梦想对于我似乎变得更加切实可行了。

路文彬

2022.6.29 北京格尔斋

创业的思维

《蜗牛式创业》这本书是我十几年创业经历的经验总结,我认为本书给创业者最大的收获是用一个"非主流的方式"看待创业这件事。为什么叫"蜗牛式",原因在于我认为创业不在于快,而在于稳。俗话说,世上除生死外无大事。一家企业只有生存下去才有机会谈未来的发展。每个创业者都有自己的"能力圈",有的创业者的"能力圈"大,有的创业者的"能力圈"小,只要创业者在自己的能力圈发展,那么,创业风险相对而言是可控的,而且成功概率也是比较大的,这个能力圈就好比蜗牛的壳一样保护创业者,一旦创业者跳出自己"能力圈"的边界,就像是蜗牛没有了壳一样,将会面临巨大的风险。

特别说明:蜗牛式创业是一种创业思维,而不是一种创业方法!我在本书中不会给创业者一个具体的创业方法,因为这毫无意义!每位创业者的实际情况都不同,也不可能有一个具体的创业方法通用,怎样创业一定要结合自身情况来做!本书更多跟大家分享我创业经历中的"得与失"和探讨关于创业方面的思维。我希望通过这些,有助于创业者在碰到问题后,能较快明白自己的得失,有利于更好调整自己的创业步伐。

我的一些朋友建议我不要写这本书,因为他们认为,我在书中曝光了我做生意负债的事情,会让别人看低我,影响我的形象,不利于我以后做生意。而我坚持要出这本书则是想通过我自身的创业经历告诉大家:创业还有这样的错误方式,希望大家避免重蹈覆辙。在《此生未完成》这本书中,癌症晚期的作者于娟写道:"布施有三:财施、法施、无畏施……我很愿意做无畏施,因为无畏施不会让我现实中更痛苦,反而会带来很多精神的欣慰与安悦。同为世人,若是有人从我的苦难里得到无畏,那么我这份痛也算没有白痛。"我深以为然,我也是一种无畏施,在写书的过程中,不断回忆自己痛苦和不堪的过去，目标只为了让大家免遭我这样的痛苦，如果这样的过去会让我脸面无存，那就让我成为一个"不要脸"的人吧！

各位创业的朋友，我们在创业路上，虽然会有很多不确定性，但有一个可以确定的是：一定会碰到难关！从来没有创业者是可以在创业路上一切顺利地一直向前冲！但是难关过后，为什么有的企业生存下来了，有的企业却是倒闭破产呢？导致出现这两种不同结果的因素有很多，也很复杂！我的理解是：虽然创业成功的方式多种多样，但是创业成功的关键要素却是那么几个，同样，创业失败的原因也只有那么几个。就是这些不同的创业成功要素和失败原因的不同组合方式，在不同的创业时间、不同的创业地点、不同的创业人物身上反复不断重演，让我们看到了一个变幻莫测的商场。这就好比，我们的手机屏幕可以显示出五彩缤纷的颜色，但其实手机屏幕显示的内容都是由三原色（红、绿、蓝）通过不同的变化组合而来，而大家所看到的内容，也可以这么理解，就是三原色在不同时间、不同地点、不同人的手机做不同的重现而已。这些创业成功的要素和创业失败的原因有哪些，我在本书中会有详细的分析说明，相信大家看完后，会有所收获，会对什么样的公司在难关过后会生存下来有自己的判断。

创业者只有懂得学习，才能增加自己的见识和提高自己的认知水平，才能够在创业路上走得更顺利。那么，一个创业者应该从其他创业者身上学习到什么呢？我认为可以从成功的创业者那里学习他的思维、心态、理念、坚持等，但不能照搬他实施的方式和方法；从失败过的创业者那里了解到他的经历，分析他失败的来龙去脉，总结他身上有哪些错误的思维和做法，并在此过程中对照自身是否有这样类似的错误倾向。

我在创业过程中，发现有很多创业者对创业有一些不切实际的想法，比较典型的有以下两种：

第一种,有些创业者想追求所谓的"风口"行业，认为只要是抓住所谓的"风口"，就可以创业成功，但是他们并没有意识到，很多抓住"风口"机会的成功创业者，他们并不是押宝式地把握住，而是他们已经在这个行业里深耕多年才能得到的结果。退一步讲，即使是我们已经身处"风口"行业，也不能保证一定都是赚钱的，还是有很多亏本退出的公司，只是我们平常的很多信息都是来自媒体，而媒体出于各种原因，会更加关注这些"风口"创业成功的公司，这只是一种"幸存者偏差",如此而已。所以,盲目追"风口"的想法是不切实际的。

第二种,有很多创业者都想得到传说中的"创业成功宝典",或者是得到了某个高人的指点后,可以创业成功。如果存在这个神奇的方法,那么每个人都可以通过这个方法,并采取相应的行动就能创业成功。但这在现实中是不可能的,我做两个假设:第一个,如果存在这么一个"万能钥匙"式的创业方法可以适合全部人,那么,懂得这个方法的人都去做这个生意,结果是没有什么创业者能够在这种情况下赚到钱;第二个,如果这个创业方法只是适合一部分人,本身就不适合这种创业方法的创业者却按照这种方式去创业,最后肯定是会亏本的。

综上两点,我肯定地告诉各位想创业的朋友,不要去盲目相信什么风口,也不要相信做什么生意就能马上赚大钱,很多刻意炒作这些概念的人都是另有目的,他们都是想让你相信这件事情,并投资参与!而他们则在你采取行动的过程中赚你的钱,这个行为也是俗称的"割韭菜"。每个成功的创业者都是具有不可复制性的,一个创业者为什么会成功,客观而言,这是他本人也没有办法说清楚的事情,因为,如果我们从他成功的终点来看他的整个创业历程,那么你只能看到一条路;但如果是从这位成功创业者的创业起点一直看到他成功的终点,你会发现,创业者在这个过程中要面临无数次的道路选择,甚至有的时候是走了一条弯路后又掉头回来的,简单来说,就是这些无数的选择才成就了目前的这位成功的创业者,你说他可以讲得明白吗?即使他可以讲明白了,他可以按照之前的做法重新再来一次吗?答案就是不可能了!因为天时、地利、人和这些因素缺一不可,所以,我们对于成功创业者的经验,只能参考,绝对不能照搬!

著名画家齐白石对他的弟子许麟庐说过一句话:"学我者生,似我者死。"这是因为齐白石的弟子许麟庐模仿师父的对虾画已经到了炉火纯青的地步了,而别人很难分辨出来真假。而有不少人想学齐白石的对虾画,但都不得要领。许麟庐因为这件事非常得意,甚至有些飘飘然,师父看在眼里,就说了这句话,这句话其实对于创业者同样管用。"寻门而入,破门而出",也是同样道理!我们创业可不能一味去模仿别人,而是在学习的基础上要有自己的个性特点和原则。这样,我们才能在创业路上有所收获。

作为创业者，我们一定要避免掉进"闪着成功光芒的陷阱"，因为，很多成功的创业者在分享经验的时候，总是会避而不谈他所拥有的"人无他有"的独特条件，以及他比别人多的一些好运气。单纯讲他们当年是用了什么创业方式一步步将事业做起来的，好像一切都是尽在掌控之中。但事实上，适合这种创业方式的最佳时间点已经过去了，他以前的创业方式和方法，对于现在一个初创者来说，已经没有机会实施了，而这位成功创业者现在正在执行的方式方法，又是一个成熟企业的做法，想学又学不来。如果某个创业者头脑发热，死搬硬套的话，估计就会"出师未捷身先死"了。这种情况就是我总结的掉进"闪着成功光芒的陷阱"。

我们想要创业之路走得更顺利一些，一定要有自己的原则性，还要坚守底线，避免走一些致命的弯路，然后再根据自身特点选择恰当的项目。而这些怎样实现呢？我认为学习是最好的捷径，好比我们读小学中学一样，通过别人的经验来快速提高自己的认知水平。

创业者本身的思维是公司发展的最大障碍，自己的思维不能提高，就将失去创业项目的很多机会，东西南北风，也不知道什么才是顺风和逆风。提高创业者的思维能力，也是我出《蜗牛式创业》这本书的意义所在。

出这本书的过程对我这个"非文字工作者"的创业者而言非常艰辛！能够在最后克服各种困难完成这本书，首先得感谢我的爸爸妈妈对我的培养，特别是在我创业艰难时期对我无私的帮助！其次要感谢我的爱人一直在背后默默的付出和支持！再次，感谢所有关心和支持陈博的姐姐们、朋友们和同学们，特别是王先生、罗小姐这些好朋友！是你们的相信和支持让我可以走到今天，还有很多在思维上帮助我的朋友，你们是我生命中的贵人，是你们让我少走了很多弯路，我出这本书也是一种爱的传递，帮助更多的朋友，让他们也少走一些弯路。最后，感谢我的两个小宝贝陈楠和陈典，是你们持续不断地催促和过问，客观加快了这本书的出版速度。特别感谢女儿陈楠为本书封面创作的蜗牛图。

目录

第一部分 何为"蜗牛式创业" / 1
一、"蜗牛式创业"的缘由 / 1
二、发挥"敢为天下慢"的精神 / 2
三、慢中求快,低代价"进化" / 3

第二部分 我的创业之路 / 5
一、创业之初 稳步迈进 / 5
二、投资失败 负债累累 / 5
三、苦苦挣扎 走火入魔 / 6
四、入不敷出 深陷低谷 / 7
五、痛定思痛 总结经验 / 9
六、从负开始 从头再来 / 11

第三部分 对于创业失败的案例分析 / 13
一、十大错误的经典创业理由及事例 / 14
二、常见的创业失败的因素 / 25

第四部分 对"蜗牛式创业"理念的深入理解 / 46
一、"蜗牛式创业"的内涵 / 48
二、"蜗牛式创业"有助于实现创业的目标 / 48
三、"蜗牛式创业"的适用范围 / 49
四、"蜗牛式创业"提倡"不负债"的保守创业 / 49
五、"蜗牛式创业"提倡量力而行的消费观 / 50

六、"蜗牛式创业"符合创业的节奏 / 51

七、"蜗牛式创业"的"止损"元素 / 52

八、"蜗牛式创业"中的"慢即是快"和"低成本"元素 / 54

九、"蜗牛式创业"倡导"工匠精神" / 56

十、"蜗牛式创业"有减少压力的作用 / 57

十一、"蜗牛式创业"可以让创业者更硬气,敢于说"不" / 57

十二、"蜗牛式创业"的创业形式问题 / 58

十三、"穷忙族"和"蜗牛式创业"的本质区别 / 59

十四、"英雄主义创业"和"蜗牛式创业"的对比 / 59

十五、"蜗牛式创业"的本质和意义 / 60

第五部分 创业中的收获 / 63

一、创业的反思篇 / 63

二、创业的常识篇 / 70

三、创业洞见篇 / 92

第六部分 向创业者推荐的工具及思维理念 / 116

一、创业者了解企业的好工具——财务知识 / 116

二、创业者保护自己的好盾牌——法律知识 / 121

三、创业抓住重点的法则——二八定律 / 130

四、创业最值得养成的习惯——微习惯 / 133

五、创业需要明白自己是谁和要做什么——定位 / 134

六、创业者全面掌握问题的方法——培养系统思考的习惯 / 138

七、创业中高绩效组织的必修课——金字塔原理思维 / 142

八、创业中的永恒定律——熵增定律 / 150

九、创业长盛不衰的哲学——保守的经营哲学 / 154

十、创业最容易被忽视的成本——机会成本 / 156

十一、创业中容易被拖垮的成本——沉没成本 / 158

十二、创业者的六个关键认知 / 165

第一部分 何为"蜗牛式创业"

一、"蜗牛式创业"的缘由

蜗牛,是一种无脊椎的动物,属于软体动物门,壳一般呈低圆锥形,左旋或右旋,具有触角两对,大的那一对触角在顶端,有眼。当蜗牛爬行的时候,它会在地面留下一行黏液,这是它身体分泌出的液体,因为有这样的特点,蜗牛走在刀刃上也没有危险。蜗牛具有惊人的生存能力,对干旱、热、冷、饥饿等都有很强的忍耐性。创业,是指创业者对自己所拥有的资源或通过努力对能够拥有的资源进行优化整合,从而创造出更大经济或社会价值的过程。

蜗牛和创业,两种看起来有点不搭的物和事,是如何联系到一起的呢,这就是本书要带给各位读者的。当以"多、快、大"为荣的"升高"时代慢慢走远,以"减法"为特征的"慢"时代到来,"快鱼吃慢鱼"将越来越不符合这个时代的特点。以前"跑马圈地"的时代埋下的苦果慢慢成熟,在经济高速发展时掩盖"基础差和底子薄"的问题开始暴露出来。成功在久不在速,公司在强不在大。此时此刻,我更加坚信、坚守以及坚持这一个观点。

《趋势的力量——分化时代的投资逻辑》一书中提出相信趋势的力量,全球经济步入下行周期,经济高增长的时代已经过去了。

《凤凰周刊》在 2020 年底发文称新冠肺炎重创世界经济,"仅就全球 GDP 损失而言,这是自第二次世界大战结束以来最严重的经济衰退,而若按全球 GDP 计算,新冠疫情造成的经济损失是 2008 年全球经济危机的两倍。尽管多国政府加大用于紧急刺激经济和社会保障的投入,但据美国华盛顿大学健康数据与评估研究所估算,全球极端贫困人口在短短数月里增加了 7%,终结了全球扶贫工作在此前 20 年内的进步"。新华社于 2020 年 12 月 29 日的报道称:"世界银行预测,受新冠肺炎疫情冲击,预计 2020 年全球经济将下滑 5.2%,

这将是二战以来最严重的经济衰退。"对此，我的理解是全球经济正在面临一场比2008年全球金融危机破坏力还要更大、更深远、更长期的危机浪潮。

综合各类国内、国际机构的数据进行分析，我认为很多企业尤其是小微企业在目前和未来比较长一段时间内所要面临的经济环境，是长期性、周期性、规律性的经济下行和企业下坡的恶劣环境。在这个大背景下，形象而言，企业的发展模型应该从"以大为美，以快为上"的大象式或者鲨鱼式生存，向"以慢为上，以稳为王"的蜗牛式生存转变，这就是我提出"蜗牛式创业"，并努力实践"蜗牛式创业"的缘由。

二、发挥"敢为天下慢"的精神

苏东坡在《蜗牛》一诗中描写蜗牛"升高不知回，竟作粘壁枯。"虽然在世人看来有些过于悲观。但是在我看来，盛衰枯荣，万物皆然；生老病死，人所不免。其实作为个体的人如此，作为组织的公司企业也是如此！繁荣期做加法，空间换时间，衰退期做减法，时间换空间，这本就无可厚非，也没必要拘泥于所谓的"面子"。

蜗牛，在东方文化的寓意中被认为是落后、缓慢的"落伍者"代名词，经常是被嘲讽的对象。相反，在西方，蜗牛却是顽强和坚持不懈的象征。蜗牛给很多人的印象是慢，但其实慢即是快，蜗牛很专注地一步步爬到它的目的地，虽然慢，但其实也是稳步前进。对比一些创业者，他们因为太想得到结果，确实跑得很快，但行走的步调也乱了，迷失了自己，也失去了在生命的道路上一切值得我们去感觉的幸福。

其实创业是和禅修一样的道理，越急就会越慢。相反，慢下来才会让我们更从容、更专注地做好事情。创业一定不能急躁冒进，当戒除急躁，真正静下心来，看清自己的内心，看清自己真正想追求的是什么，这个时候才能真正明白创业的战略是什么，具体的战术又是怎样，是否需要做调整。

在创业过程中，会有很多诱惑，作为创业者，如果总是希望拥有尽可能多的东西，就会变得心浮气躁，结果就会让自己进入万劫不复的境地，比如，我现在想造一辆汽车，刚开始的想法是想自己生产一些配件，买发动机回来，然后组装成一辆成品车去卖；在造车的过程中，又发现汽车金融很好，汽车租赁市场也不错，就将手头的资金分散开了，精力也分散了，结果是什么事情都做不了。

当你求得这个，丢失那个，心中满是愤懑，求不得，舍不得，懊恼不堪，生命就这样在拥有和失去中流动。

当你放下心中的攀比与欲望，

让自己的身心都慢下来，

细细地思考创业——

你会发现：

原来自己还是以前的那个自己，

创业成败，是对而不是快。

《道德经》中说："复命曰常，知常曰明。不知常，妄作凶。"这段话的意思是认识了自然规律就是聪明，不认识自然规律的轻妄举止，往往会出乱子和灾凶。这个对创业者有很好的指导意义，在创业过程中，创业者所碰到的事情千奇百怪，而且经常是危险和机遇交叉存在，创业者不能简单追求短、平、快。一定要沉住气，要有蜗牛这种"敢为天下慢"的精神，慢慢去了解创业过程中的利害得失，找到创业的规律，那就会事半功倍了。

"执着目标，负重前行"，我想这应该是当下的创业者最应该学习的精神。同时，还需要学习蜗牛"触角虽然小，但敏感而灵活，还能审时度势，长于保命"的顽强的生命力和坚韧的行动力，以及"缓慢蠕动，贴地而行"的最安全可靠的行动方式。创业如蜗牛，缓慢而坚定。在创业过程中，多深度思考，在思考中前进，就像蜗牛一样一步一个脚印地向目标前进，我想在未来的日子里，无论市场环境如何运行延续，最起码不会走雷曼兄弟、安然公司等"猝死"破产的悲剧道路。

三、慢中求快，低代价"进化"

创业是一件充满不确定的事，而创业者只有在自身生活有保障的状态下，才能拥有在整个创业过程中的良好心态，不会急于求成，会按照创业的自身规律去做，也会根据创业过程中发生的变化去做相应调整。但是如果我们换另外一种方式，就像我孤注一掷地去创业，出现由于超过自己能力范围的过大投入，而使得自己出现资金链断裂，后劲不足的状况，这时候就会面临多方面的实际压力，包括很大的精神压力，这样不利于创业中的方向调整，不敢让自己犯错却又面临必然会有试错过程的矛盾，导致内心极度纠结无奈。在残酷的现实打击中出现了累人累己的状态：我创业失败了，失去了经济来源，而我却是家里的顶梁柱，上有老下有小，一家人的生活要如何维持呢？即便勉强维持一家人最基本的开支，还要开始创造新的生活，但是方向在哪里呢？创业失败带来的严重负债问题会让以后的事业发展困难重重，因为从零开始和从负开始是完全不同概念的事情。另外，还有自身健康问题（有病没钱医）、子女教育问题（情绪影响和教育投入两方面）、老人赡养问题等等，这些都会严重影响到以后的生活，更不要说再开始下一次创业了。希望我的创业经历能带给大家一个思考！

"蜗牛式创业"的意义在于：创业者在明白创业的现实后，要想创业更顺利，就要低代价地快速让自己"进化"，其实，创业碰到失败和挫折是正常的，而"蜗牛式创业"的好处在于创业者在创业中碰到挫折不至于一挫则死，相当于在创业前打一支疫苗，虽然不能完全避免"挫折和失败"这种病毒，但能够增强抵抗力。

将"蜗牛"和"创业"两个词结合到一起，我其实想讲的是一种创业思维方式，而不是一种调侃，我发自内心地认同这种创业思维方式，我认为创业者采用"蜗牛式创业"有助于提高创业成功的概率。

第二部分　我的创业之路

一、创业之初　稳步迈进

我是一个普通的 80 后，普通得不能再普通，我在路上走，从没有人会因为我的长相或者我的名气，而特意回头多看我一眼；我的家境也一般，不会吃不上饭或者上不起学，也不会因为我的父母身上的光环，而有人主动给我什么特别的照顾。我在汕头出生，在佛山创业。以下是我的创业经历，它像一个故事，如今已成为我人生的一部分。

2003 年，在佛山科学技术学院毕业后，我找到了工作，一家照明公司的业务员。经过四年多的努力，我终于在佛山买了房子、车子，成为"房车一族"。

2008 年，我开始创业，一步一个脚印，打下了自己的事业基础！

2010 年，我先后买下两个店铺 25 年的使用权，一个自用，一个收租金。我的事业稳步发展，还经常抽空带家人旅游，可谓其乐融融！

二、投资失败　负债累累

张方宇说："现实是无法让我们满意的，我们都活在对未来的憧憬中。所以，我们时常踮起脚尖，伸长脖子，对将来可能降临的好事翘首以待，但是这样的企盼除了让我们感到焦虑和疲惫以外，并不会有什么真正的事情发生。我们并没有离开地面，却又错过了地面的真实，我们活在对虚假目标的焦虑之中，整个生命都被浪费了。"回想我当时在开工厂前，就是这种心理状态。

2015 年是我的事业的转折点。那一年，我动用几百万元积蓄，投资创办了一家专做 LED 照明的工厂，但由于种种原因，工厂经营不善。2017 年，我被迫关停了工厂，不仅多年的积蓄化为乌有，甚至还欠下了四百多万元的债务，这些负债包含了银行的贷款、私人的借款、供应商的货款等等。

我的债权和资产还因为工厂关停而大幅度缩水。比如，一些客户因工厂关停不能提供售后服务，而将我的货款大打折扣；一些客户因工厂关停而找各种理由拖延付款甚至不付欠款。除此之外，开工厂时新买的几台400T液压机、350T液压机，以及大大小小的冲床、卷带机等机器设备，虽然用了才不到两年，但转卖出去收回的钱还达不到新买时的三成，一批批模具更是当废铁来卖。而投入在2200平方米厂房的灯具生产线和办公室工厂装修费用，更是肉包子打狗——有去无回。工厂倒闭时，我负债达到四百多万元！从此，我过上了"还债"的生活。我在想：人们常常因为"不必要"，从而导致了"不得不"。

"生命本来是一次内在生长的机会，我们却把生命完全转变成了一个持续的外在积累。"这句话，就是写给此时的我的。

三、苦苦挣扎　走火入魔

马云说过：一个创业者最重要的，也是最大的财富，就是诚信。此时，无奈的我只好做出一个决定——卖掉自己在佛山唯一的住房。本想将全部卖房款用来支付工人工资、供应商货款以及银行贷款和利息，但我的房款总金额根本不够抵销我的全部负债，即便将全部卖房款支付各种债务，再加上未来依靠打工得到的一个月几千元的收入，依然还债乏力。思考再三，我想唯有凭借多年的经验继续创业，才能够尽快摆脱困境。经过对各类项目的比较，最后我决定将一部分卖房款用于做社区团购和微商的供应链，以每日坚果为主打产品，附带其他一些产品，争取尽快赚钱还清负债。

此时的我，满脑子都是怎么赚钱，甚至到了"走火入魔"的地步。通常做生意有做生意的规律，从小到大，从生到熟，而我却在负债的巨大压力下，想要以跨越式的速度做生意赚钱。因此在跟客户谈生意时，就是因为我太急于求成，反而被客户压低价格，这便是冒进式创业的后果。我们的灵魂想要做自己，但社会和周围的环境不允许我们做自己，我们被赋予了很多的责任和角色。当我们肩负起这些责任，习惯了这些角色，我们就忘记了自己，并且再也做不回自己。

尽管供应链的生意让我筋疲力尽，但凭借多年的生意经验，我还是很快找到了方向。公司收入减去每个月的开支，还是有一些利润的，但是每月都要付给银行四万多元的本金分期和利息，这在销售旺季时还可以应付，到了销售淡季则是捉襟见肘。面对流动资金被每月的负债分期还款占用、拿不出资金进货等重重困难，我苦撑了两年多，2019年底，公司那拉得紧紧的资金链再次断裂了。回头想想，我们人生中每一次重大的变故，都像是一次急刹车，把我们从虚幻中摇醒。企业家王均瑶曾经说过："一个真正的企业家，不能只靠胆大妄为东奔西撞，也不可能是在学院的课堂里说教出来的。他必须在市场经济的大潮中摸爬滚打，在风雨的锤炼中长大。"

四、入不敷出　深陷低谷

我在这段时间的生活状况也很不理想，有两件事足以说明。一件事是我儿子生病上医院，我也因膝盖退行性病变骨痛一起去看医生，我儿子的检查费加药费是314元，我的药费是126元，排了长队轮到我付费的时候才发现钱不够，医保卡里只有112元，微信里是34元，支付宝里还有42元，我赶紧问了一下收费人员，能不能一张药单分成两个付款方式付钱，得到了肯定的答复后，我赶紧叫我老婆转给我100多元（其实是想让她转300元，但她也没有这么多），最后，由于钱不够，我只能放弃缴自己的药费。第二件事是家里没有食用油了，我到超市买，身上只有18元，就只够买一瓶750毫升的油了，看看旁边一个货架有做促销的特价油，45元就可以买到4000毫升的，但是现在，我没有选择的权利！

为了生活，为了养家，我不得不再次选择打工。蓦然回首，才发现自己已近四十，去找工作已不再容易。面试时，不少招聘官都对这个年龄出来找工作的人有偏见。经过千辛万苦地不断面试，终于找到一家类似滴滴的货车平台，每个月工资加提成有五六千元，足以支持基本生活开支。

谁知好景不长，因某个银行的催收欠款的工作人员跑到我上班的公司大闹，我再次丢了饭碗，一家人的生活再次陷入困境。当时的我正处于上有老，下有小的阶段，还有每个月的房租……好在，有朋友借钱给我渡过这个难关，这个时候，若没有他们无私的帮助，我真的很难挺过来。

创业界有一句名言，"创业——要么轰轰烈烈，要么自生自灭"，此时来看，竟如此贴切。

但处于人生的这个阶段，我突然感到生其实比死更艰难，面对这个残酷而无奈的现实，我想起之前看过的惊险刺激的商战片，听说过的人生沉浮的故事，感觉自己就这么几百万元的负债，做不好就重新再来嘛，这是什么不得了的事呢？史玉柱以前生意失败，负债几个亿不但还清了，还再次成为亿万富翁，我这几百万元的负债，算得了什么呢？但为什么会弄得我如此不堪呢？这个时候，我悟出了"负债相对论"，就是一个人在生意顺境时，他会拥有怎样的财富，在生意逆境时也可能拥有怎样的负债。说简单点，就是一个能够赚一个亿的人，他也有可能因此而负债一个亿；而一个只能赚几万的人，他也有可能因此而负债几万。这种跟能力匹配的盈利金额和负债金额，对于负债人的意义是一样的，并不能说还几万元就比还一个亿容易。我们随便上网搜一下，应该可以看到很多这样的新闻，比如，某大学生因为欠债几万元就走上绝路了。有些不理解的人可能会想，怎么会为了这么几万元就走上绝路呢？这是因为没有设身处地地思考，大学生是一个没有稳定收入的群体，生活来源多是父母给他们的生活费，生活费就那么一两千元，几万元的负债对于他们来说，就是一个超过能力极限和让他们崩溃的事情。

我负债几百万元，比他们要多上几百倍，但我是绝对不会走上绝路的，因为我明白"负债相对论"，我拥有亏几百万元的能力，也就拥有赚几百万元的能力。困难跟能力是匹配的，我想亏一个亿也没有机会，银行也不会授信一个亿让我亏，这叫作亏钱的能力也不足！我对负债几百万元做一个定位，这既不是一件让我崩溃的事情，也不是一件小事，只是一件在我能力范围内让我很难受的事。但为什么我此刻会感觉如此脆弱呢？无非就是对于如何解决这件事情，我还没有想出一个好的对策而已。办法肯定是要慢慢想的，也要摸着石头过河或者"骑驴换马"，但不管怎样做，我只能先接纳现状，才能解决问题。大丈夫能屈能伸嘛。这个就是我当时面对困境的内心真实写照吧。因为"负债相对论"的客观性，我对我几百万元负债的思考，也就有了意义。我写下的这些文字，也就有了一些价值。也许是我们看别人的经历时，都是隔岸观火的心态，即使所见所闻让当下的自己大受刺激，甚至落下几滴眼泪，但事后几乎都不了了之。因此，当现实摆在面前时，还是难逃脆弱。当然，有了别人的经历做一个思考垫底，处理自身的事情，也会更加得心应手。

"好的事情往往达不到我们的期望值，糟糕的事情却常常超出我们的预估。"此时此刻，对于不良征信记录会给人生及生活造成的影响，我已无暇顾及！其实我们很多人，包括我本人在内，都对征信非常在乎，将征信等同于自己的一切，但是当有一天，自己的生存、生命都成问题，征信还有意义吗？保住生命难道不也是一种责任吗？请问如果生命都没有了，如何去偿还负债？在这里，我要对面临相同境遇的朋友们说，请你们务必在关键时候做出正确的选择，"好死不如赖活着"。

五、痛定思痛　总结经验

当我们失去什么的时候，我们同时也给自己腾出了一点空间；至于平时，我们一直都被满满的日程占据着。那就是为什么失去一样东西永远都比得到一样东西更耐人寻味，因为我们回味的正是那个空缺，而那个空缺就是我们的本质存在。

在接连的创业失败后，我开始反思一些问题：我为什么要办工厂？我为什么要以这样的方式办工厂？我为什么会亏这么多钱？我为什么要在工厂经营困难的时候不选择马上关停，而是去选择以高负债的方式经营下去，以致造成如此不堪的局面？而面对既定的事实，我又能在这段失败的创业经历中得到什么教训，明白什么道理呢？我想起查理·芒格在一次演讲中举过一个例子，曾经有个乡下人说"要是我知道会死在哪里就好啦，那我将永远不去那个地方"，似乎感同身受。

而比尔·盖茨也曾告诫过："这个世界并不在乎你的自尊，只在乎你做出的成绩，然后再去强调你的感受。"世界就是如此残酷。

创业的风险其实在很多创业者的认知之外，大家创业的初衷都是为了赚大钱，做大老板，这其实无可厚非，我当时创业的目标也是一样。而我在创业多年后，确实在商海中赚到一些钱，维持了一家人的开销，但是也饱受商海毒打。在办工厂之后，因各方面的因素，我的资金链断裂，公司倒闭，这才发现，相比如今我所经受的这一切，以前所谓的在商海受毒打，不过是挠痒痒。

而我当时资金链断裂所面临的处境以及压力如下所述：

◇ 如何关停工厂才能平稳一些，不会出现什么不可控的事情，注意步骤、手续、程序。

◇ 供应商的货款也要适当地安排归还。他们施加的压力也是相当恐怖的，要么跑到我的公司告诉我要提出上诉，要么就要采用更极端的威胁方式。

◇ 银行贷款的催收。这个催收方式虽然相对温柔，但也是不达目的不罢休。而且如果协商不好，对簿公堂是少不了的步骤。

◇ 银行信用卡授权的第三方催收。首先欠债还钱当然是天经地义，但是当一个人连饭都快吃不起的时候，还债确实是心有余而力不足。但是，将心比心，我也能够理解催收人员的工作，他们的工作本身就是帮银行收回这些应收款项，然后从这些欠款中提取收入。

◇ 小贷公司的还款压力。小贷公司的催收方式和银行的第三方催收类似，甚至是有过之无不及。

◇ 来自亲朋好友的还款压力。能够借钱相助的人，都是关系不错的朋友。但是，欠亲朋好友的钱，心理压力更大，甚至感觉相当羞耻！

◇ 关厂的压力。我的关厂过程算是相对平稳，有朋友开玩笑说，这算是在我的能力范围内给这个社会的和谐稳定做出的一点贡献。回想关厂的往事，我深刻体会到，开工厂难，关工厂更难。

● 工人工资。工厂陷于停滞，工人们也能感觉到异常，于是，他们就找各种理由向公司借钱，想用借钱的方式来抵一个月工资，甚至有人请假去找工作。这个时候，唯有尽量维持最后的生产，才能最大限度地降低损失，即使是公司即将倒闭破产，工人的工资也要给。

● 关工厂要面对的三角债务。应收方面，客户会用各种借口拖着不还，特别是即将关闭工厂，客户更加有借口说是担心售后问题而不结清货款。应付方面，供应商一旦知道工厂即将关闭，即使没有到付款期的款项，都要求一次性结清。将心比心，每个人都有自己的立场和利益诉求，我只能面对！

● 如何处理工厂的机器设备问题，关系到是否让自己利益得到保障。

● 办理工厂注销的一系列程序。

● 最要命的资金问题如何解决。因为供应商、工人工资、公司税费、银行贷款、私人借款、关闭工厂的费用、租金、水电费等，都是需要资金才能解决的！

◇ 对于前途迷茫的压力。整天干着借钱和花钱的事情，却没有收入来源，而且根本想不到还能干什么赚到钱，失去方向。

◇ 自己的心理压力。作为一个有十年经验的创业者，事业从小做大，最后又回到了原点，甚至负资产。焦虑、彷徨、不敢面对现实，是当时真实的心理写照。

◇ 家庭压力。我和我爱人从恋爱到结婚，再到有了两个小孩的十几年间，吵架的次数加起来都没有办厂之后的一个月多。还好，我是幸运的，工厂倒闭了，但是家庭没有散。

一个明智的人最后会领悟到：他生命中所经历的一切都恰到好处。这与成功和失败无关，成功是他想要的，失败是他产生的。从自己产生的效果中去认识自己，也许，这就是人生真正的意义所在。我们在人生中所经历的大大小小的挫折，其实都是在不断地帮助我们重新调整自己生命的航向，直到我们最终能够走上智慧之路。

经过这一次的创业失败，针对自身情况，我给自己定了一个发展方向——"蜗牛式创业"。在自己的能力范围内，我通过各方面的了解论证，选择了进入成人教育行业。正如罗伯特所说："不能等别人为你铺好路，而是自己去走，去犯错误，而后，创造一条自己的路。"

六、从负开始 从头再来

一个拥有自己独特高度的人才能够坦然地面对自己的缺陷。他不会去隐藏这些缺陷，或许还会有意地暴露它们，因为这些缺陷并没有降低他的高度，甚至这些缺陷也是他整体高度的一部分。

做成人教育这个行业后，我在维持生活基本开支的同时，也在积极解决负债的问题。目前已经解决了大部分的负债，感恩这个行业。

成人教育是主要面向在职人员的学历提升，以及进行职业培训。我认为，这个行业可作为我再创业的一个最佳选择。从投入来说，最大的支出是场地租金和员工工资。付款方式都是客户给订金，录取后再交第一年学费，算是一种低成本创业。从销售来说，学历提升主要是走人海战略，一个人一辈子成为你的客户的次数也许仅有一两次，那公司运转靠的是什么呢？是想办法寻找对学历提升有需求的客户，同时让老客户推荐介绍，并做好自身形象的打造以及关系点维护。总而言之，只要控制好成本开销，基本上不大可能会亏本。

曾经有一位粉丝朋友给我打来电话，他想跟我一起做。他说他可以用一层楼两百多平方米的场地来做这个项目,然后从原来的团队调出一部分人过来启动这个项目。但是,我否定了他的这种做法。因为创业者在创业之初,最需要想的问题不是如何去花钱,而是如何去赚钱!如何创造价值、获取利润,而不是如何花钱去搭一个漂亮的外壳给别人看。

我相信虽然成功不能照搬,但是失败能够借鉴。正如张方宇在《单独中的洞见Ⅱ》中所说:

在这个世界的戏剧舞台上,没有一个人是以自己的真实面目出演的。所以,并没有所谓的胜利者和失败者,只有执迷者和超脱者。一个超脱的失败者远胜于一个执迷的胜利者。

第三部分　对于创业失败的案例分析

在这里，我会将一些创业失败的事例分享给大家，相信有些朋友难以理解，作为一本创业的书，应该是要跟大家讲如何选择好项目，如何将生意做大做强，或者是多分享几个成功创业的案例。毕竟，这才是大家最想听到的声音！

我认为，讲商业精英创业成功的书已经太多了，我本人也看过很多这方面的书，而且发现看的时候很爽，从心理学的角度，这应该就是"角色代入"吧，但是看完之后，若是我能按照书里的指导去做某些生意，或者是按照书里的一些方式方法去做就能取得成功，那就是天方夜谭了。在创业初期，我认为一些讲创业成功的书误导了我，因为都是讲这个成功、那个成功的，让我感觉好像创业成功是一件很简单、很容易、很大概率的事情！很多时候甚至让我认为不创业的人都是没有勇气的人。事实是确实有很多成功者的传奇故事摆在那里，但是有一个真相让很多创业者忽略，那就是创业成功是一个小概率事件，更多的是创业失败！创业成功率，有的机构统计是5%，有的媒体说是1%，不管哪个数字，都可以说明创业失败的占绝大多数，那总结失败的原因就显得特别有意义了！因此，我决定在这本书中专门列出一章探讨关于创业失败的案例。

在创业的过程中，我发现有很多想创业的朋友，以为创业有什么固定的方式方法，这其实真的没有！我用多年的创业经验告诉大家，关于创业做什么项目，具体应该怎样做，这个一定要在对这个创业项目做评估后，再根据自身的实际情况来确定，而且是一定要自己来做这个决定，不要听某某说行就贸然进入一个行业。因为每个人的经历、知识结构、认知都不同，而且也不完全了解情况，是不可能给出一个完全契合你的建议的，最多是给一些参考思路。一句话：成功不能复制，但是失败却是可以避免的！有些失败即使不能避免，也可以减少次数，或者将损失减少。

这其中没有多复杂的理论，就是一个"见识"而已！创业者如果在创业之前听到的全部都是形势大好、轻轻松松就可以赚一个亿的创业传奇故事，那创业者在创业时的心态可想而知，肯定会认为创业就像淘金一样；如果在创业之前不仅听过创业成功的案例，而且听说过创业失败的案例，哪怕只听说过一个，那创业者就会在创业时多留一个心眼儿，因前车之鉴而三思后行；如果创业之前既了解过创业成功的案例，也系统性地了解创业失败的案例，那么，创业者就可以在头脑中拥有两种经验，并且可以在创业过程中结合实际情况，将有用的经验运用其中，同时还懂得反省自己的做法是否会有哪些疏忽需要改进。即便是在创业中犯了一些错误，但因为创业前就系统性地了解过失败的案例和类型，创业者也懂得保护自己，不会一错再错，越陷越深。这个其实就是创业者学习失败案例的意义。

请记住，创业的一个重要特点就是有风险！我们不管选择什么行业，用什么方法，都不能改变创业具有风险性这个特点。在创业的路上，有很多创业者因为种种原因而阶段性创业失败。这些事例，其他创业者有必要去认真了解，然后再深入思考，在其中找到一些规律性的东西，让自己规避它。我的理解是，虽然创业成功的方式多种多样，但是创业成功的关键要素只有那么几个，而且创业失败的原因也只有那么几种。就是这些创业成功要素和失败原因组合的不同形式，在不同创业时间、不同创业地点、不同创业人物身上反复不断重演，让我们看到了一个变幻莫测的商场。

一、十大错误的经典创业理由及事例

1. 周围朋友、同学、老同事都创业发财了，如果我还原地踏步，就会被他们看不起，我一定要创业拼一把

我的一个女同事，从小品学兼优，心气高，工作能力很强，毕业后就在一家大企业做事，我离职后，她已经做到了部门主管。按理说，这样的工作和生活，是多少人羡慕和追求的，但是她感觉很委屈，特别是看到她的大学同学创业成功，公司的同事离职创业成功，她更是感觉目前的工作耽误了她的前程，于是她专门打电话跟我聊创业的项目——因为我当时也在创业，算是有点经验，她就在第一时间想到了我。她跟我说了很多，我总结起来就三点：她不服输，在单位升迁无望，她能升任主管位置有些运气成分在内；她手头也有一些可以运转的资金；重点是她不服气以前学习成绩比她差的同学，现在都比她有钱。

我在电话里力劝这位同事先缓缓，因为我认为她创业的出发点不对，为了创业而创业，项目都还没确定；另外，她的工作内容主要是处理公司的内部事务，按部就班地工作，这跟创业的瞬息万变真的是相差十万八千里。最终，她还是没听我的劝！过了两三个月，她打电话给我，兴高采烈地说她在步行街开了一个女装店。再过半年时间，刚好有几个老同事凑在一起，打电话让她过来一起吃饭，结果她过来后，满脸愁容，吃饭都没有心情了，原来她开服装店，什么经验都没有，就是凭感觉做事。首先，筹备开店的时候就以为只要装修得高档一点，衣服就能卖高价格，就花了很多钱，超过了资金预算；其次，拿回来的衣服跟周围其他门店的款式差不多，就是品牌不同而已，但因为定价太高，吓跑了客人；再次，店员流动性大，请个有经验的留不住，请个没有经验的，还要倒贴人工费。最后，因为店面一直亏损，成了烫手山芋，不做自己又心不甘情不愿，继续做又是有心无力。她在跟我们吃饭的时候，透露了现在负债八万元，压力巨大。

2. 我都工作那么多年了，有丰富的社会经验，也到了一定的年龄，总不能一辈子给别人打工吧，况且现在手头有个项目很好

有这个想法的朋友，其实是进入了一个思维的误区，就是将项目好等同于创业成功，其实这是不对的。项目好是创业成功的一个基本条件，但不是创业成功的全部条件。创业者要考虑的不仅是项目好，还要考虑这个项目和自身的能力、资金、团队是否匹配。比如，阿里巴巴的平台很赚钱，但这是一个准备创业的人应该考虑的项目吗？有个好项目和有颗想创业的心就能创业成功吗？

创业就像是一项"十项全能比赛"，它是对创业者的智力、体能、情商、人格魅力等各个方面综合能力的大考验，只要一个环节出现差错，就有可能导致前功尽弃。但在我看来，比创业项目更重要的还是那些"软实力"。比如信念，有人会这么理解，信念不就是创业的热情吗？当然不是。如果单纯是热情，当你账上没有钱了，团队成员集体离职了，或者千辛万苦研发出的产品却无人问津……只要发生任何一件这样的大挫折，你的热情也许就随之消失了。市场永远在变化，好的创业项目也不可能永远是一个好的项目，如果因为市场变化，原先自己认为很好的创业项目不如预期了，那这个时候是马上停止，还是按照

市场的变化，选择一个新的创业项目呢？我想，答案是不言自明的。创业就是一种修行。除了要有正确的方向以及不断自省的精神，还要有坚定的信念，才能让我们不断接近心中的目标。

选择创业，其实是选择一种生活方式，我的理解：老板不是一个职位，而是一个职业！手头有一个好项目，这是一个创业的机缘，但请在内心一定要明白这只是创业的一个条件，而不是全部。

3. 换了这么多份工作，也没有一份合适的，不如自己创业做老板

有这个想法的朋友主要是对创业的认知不够，在头脑里认为老板就是最轻松的、不劳而获的。不反省自身能力不足却认为自己打工不受重视，受委屈了，甚至认为创业比打工简单，这其实是天大的误解。打工只是做好企业的一个岗位工作，而做老板却至少需要具备两个条件：外在的，行业经验、社会经验、关系资源、流动资金；内在的，洞察能力、决策能力、统筹能力、创造力、批判能力、心理承受力、自我控制力、个人品德、自我学习力、规划能力与战略眼光、团队领导力、建立人脉关系的能力、培养与发展他人的能力、感染与影响他人的能力。很多老板都是从打工而来的，他们在打工的时候都是表现很好的，是能够独当一面的人才，但是后来他们出来创业了，还不一定能够创业成功。据报道，80%的创业公司活不过三年！可见，创业比打工的考验更大，毕竟没有一家公司的员工淘汰率能达到80%！打工只要求一方面的技能，而创业却是考验全面的综合资源、素质和能力。简单来讲，连一份工都打不好的人，是很难创业成功的。有这种想法的朋友多数是社会经验不足的，而且是家境较好，从小衣食无忧，没有受过什么委屈，自身能力无法适应工作的要求，却又心高气傲。浅薄的社会常识让他只看到老板威风的一面，却对老板在商场经过哪些磨难才幸存下来一无所知。在这里，我不由得想起一个历史故事。晋惠帝执政时期，有一年因为发生饥荒，导致百姓没有粮食吃，只能挖草根和吃树皮，很多百姓因此饿死了。当这个消息被报到了皇宫中，晋惠帝听完大臣的奏报后，不能理解为什么出现这种状况，问道："何不食肉糜？"（意思是老百姓为什么不去吃肉粥呢？）这个案例就充分说明了认知不足对处理事情的影响。一个人如果只站在自己的角度去思考问题，而没有去了解其他方面的信息就做出一个决定，是多么可怕的事情啊。借古喻

今，一个没有打磨好自己的创业者就如晋惠帝一般，即便爬到高处，也会快速跌落。

4. 创业就是做老板，每天只要动动嘴皮子，就能赚大钱

有这种想法的人很多，包括我本人。我从某个大公司辞职出来后，就想着自己创业，满脑子大公司的市场战略和思维，要对公司的产品做怎样的规划定位，只开发了两三个地级市的客户，就规划着将产品向全国推广，不但在自己的办公室贴了一张中国地图，还弄了一张中国各个地级市的市场开拓表，每在一个城市开发一个客户就在那个地方贴上小红星，搞得是气势如虹！回想过去，发现我其实是将想象中的老板派头硬套在自己身上了！我没有实事求是，没有做到聚焦，没有做好自己的优势市场，做表面功夫大于务实。据我了解，有很多创业者最初创业的出发点，是冲着做老板的气势和感觉而来的。这到底是好还是不好呢？我认为这真的是一个哲学问题了，对于部分创业者而言，没有这点虚荣心支撑，确实是没有动力去创业，但如果是放任这个虚荣心，则必然会导致创业失败。

如果创业者在初创阶段做战略规划时，就习惯性地将一些目标公司或者大公司的那一套表面的东西硬套在自己身上，认为自己创业做老板就能够跟他们一个样，忽视了自身企业的实力和大公司的不对等，那就会造成灾难性后果了。事实上，小公司的实力和大公司的实力是有很大差距的，大公司的老板很多事情不用亲力亲为，那是因为大公司架构完善，规模化和流程化，表面看起来确实是动动嘴皮子就行，甚至，其他人要去大公司拜访老板还要通过秘书预约呢。但是很多小公司的老板是万事开头难，在无资金、无人员、无市场的"三无"状况下开始创业。很多小老板都是身兼数职的，业务员、采购员、送货员、装卸工等等，绝对是体力劳动和脑力劳动相结合的高强度工作者，不可能是动动嘴皮子就能干好的。所以，想要享受做老板的感觉而创业的朋友们，这还真的要考虑清楚。刚开始创业的情形，借用网上的段子：真的是起得比鸡早、干得比牛多、吃得比猪差，过年还没钱回家！

5. 摆地摊的都开上几十万元的车了，我是一个白领，素质和能力比他们强很多，我要是做了，肯定比他们更成功

很多做白领的朋友可能有这样的错觉，认为白领就一定在各个方面比一个摆地摊的强，其实这不是一定的！可能摆地摊的人由于各方面的原因，在读书方面不如白领，但是他们的社会经验和从低处做起、吃苦耐劳的生存能力却比很多白领强，这是一个客观事实。这些白领认为自己就比摆地摊的厉害，主要来自两方面的错觉：第一，他们更多地将所在公司的平台当成是自己的能力基础，以自己所在的公司平台去衡量摆地摊，显然，一个公司平台肯定比一个地摊生意要做得大，但实际上，绝大多数白领的独立生存能力和对一线市场的判断力以及把握能力，根本比不上这些摆地摊的；第二，这些白领在学校读书的时候考试能力很厉害，因此认为自己什么都厉害，甚至还有些看不起摆地摊的，认为他们都是读不好书才会做这个工作。所以当他们看到摆地摊的都可以赚很多钱的时候，就会认为如果是自己来干肯定比他们强，但实际上，自己的能力和摆地摊的能力根本就不在一个类别中。

在《知识的错觉》这本书中有两句话：我们的无知总是超出自己的想象；让人类崛起的是集体思考，而非个人理性。互联网的发展让现在整个社会的信息相当透明，我们想要了解和得到什么信息，也相当容易。这就给人一种错觉，认为自己懂得很多东西，只要想了解什么，搜一下就可以了，这让自己有了极强的"全能感"。但事实却并非如此，因为我们想找什么东西，总得通过一个名称才能去查找吧，可很多时候我们却是连这个名称都不知道，或者说，我们连缺什么东西都不知道，那更是无从找起了。俗话说：隔行如隔山。这个话放在今天也是没有过时的。

在这里，我希望有这些创业想法的朋友们三思而后行，对自己想要做的创业项目做一个全面的评估，不要做"赌气式"的创业，那是不理性的！创业的项目只要启动，白花花的银子就往外流了，没有整体的规划，不要轻谈创业。

6. 某某同学或某某朋友很能干，刚从某大公司出来，手头有个项目很赚钱，但钱不够，让我投钱跟他合伙做，一起赚大钱

这个在生活中也是很常见的，有很多有单位的人由于受各方面的制约，不能自己创业，但是他们内心一直有创业的想法，一有合适的机会，创业的朋友让他投钱一起创业的时候，他们一般会投钱进去，让自己做老板，但是又舍不得自己目前的工作，于是就遥控式地出些建议，却不管最后能不能执行；要不就是给钱后什么都不管，坐等收益。其实我认为这是不可取的，因为创业者即使将精力、时间、金钱都用在创业上，都未必可以成功！何况只付出金钱就可以得到固定的收益，这是不可行的。其实我的身边也有不少类似的例子，最后的结果都不是太好。在商界能靠投资赚钱的是那些风险投资公司，它们都是拥有专业的资金和技术背景的，但是即使拥有这个条件，投资的项目也有很多是失败的。而我们作为一个普通人，对商场的运作一无所知，在这样的情况下，想要凭借投资而拿固定收益，这就是镜花水月的事情了。这样做的结局往往是兄弟式合伙，仇人式分家，一地鸡毛！

7. 银行卡里有一定存款，自己也年经，不怕创业亏损，大不了再回去打工，就怕以后年纪大了，连创业的勇气都没有了

有这个想法的朋友，多数是为了创业而创业，创业目的是什么都搞不清楚，但是出于虚荣心作怪，比如赚大钱、做大老板、管很多人很威风、实现财务自由、享受做老板的感觉等等，于是铁了心要创业，但是究竟要做什么行业都没有弄明白，更不用说什么盈利模式、成本、利润、合理的人员配置等，将创业当成了赌博，心里想着反正赌一把，胜了我就是人生赢家，败了我就从头来过。其实，这又何苦呢？有这种赌博心理的存在，创业失败就会变成必然了。

个人建议，创业者不能为了创业而创业，永远记住两个客观事实：一是有很多人其实是不适合创业的；二是有很多适合创业的人去创业，成功率依然不高。有很多方面的数据都表明，创业的成功概率只有5%，创业者如果没有一个有使命感的目标去支撑创业中所面对的艰难局面，没有不抛弃、不放弃的精神，是很难进入幸存的5%的。

8. 这份工作干了这么多年了，工资和职位也到顶了，平常帮老板管所有的事情，就差自己当老板了，还不如自己创业

有这类想法的朋友，多数在职场经历了很多风风雨雨，已经有丰富的行

业经验和社会经验了,这种类型属于"高管创业"或者"职业经理人创业"。虽然能力很强,层面很高,但问题就在于他们从来没有独立创业过。创业往往也是对标原来的公司,想独立创业的原因就是感觉目前所在的公司效益不错,产品和市场都很好,然后就跳槽出来自己单干。这个时候,很多创业者的思路就像前东家公司的复印件,产品、人员配置、市场开拓参考前东家公司,投入也是按照高标准进行。这样的做法其实也是不科学的,因为,每个健康运行的公司都有它存在的核心价值,这个是很难一下子模仿出来的。举个例子,百事可乐和可口可乐两家公司的产品都是碳酸饮料,产品高度相似,但是两家公司的宣传理念、卖点和客户都是不同的。因此,没有一家公司是可以完全被复制的。

很多职业经理人对于一个公司的理解只限于自己的工作岗位,但胸怀大志,想要出人头地!如果只是因为自己有经验,就以为自己可以成功,那就把创业想得太简单了。如果他们没有办法在他们原有的行业找到一个新的突破口,只是简单复制前公司,那么这种类型的朋友最后都是一手好牌打成烂牌,导致创业失败。当然也有部分是创业成功的。这个结果的不同,区别在于创业者对老板和职业经理人二者角色定位的理解,最后决定是当老板还是职业经理人。我认为可以从五个维度去考量。

维度一,自身体力和精力。

究竟是选择继续做职业经理人还是出来自己创业,要继续往前走还是换个赛道,首先的决定因素是体力和精力。有创业想法的朋友如果觉得体力和精力不错,在职业经理人的岗位上游刃有余,那就可以考虑自己创业,但是创业是一场马拉松,这是一个不争的事实。

维度二,自己的人生状态。

客观来说,作为中高层人员往往有一个比较自负的心态,有时在心理上,不大清楚是自己成就了平台还是平台成就了自己,比较容易迷茫。其实只要反思下自己的职业历程,究竟是什么推动自己走到现在,是发自内心的主动性还是平台的好机会成就了自己,以及自己为平台做了多少贡献。只要自己认真衡量一下,那么思路就会清晰很多,有助于明白自己过往的状态。然后向前分析,如果继续走职业经理人的路,还能走多远,现在所处的企业和行业还有多大前景,还有多大潜力,最后还能不能达到自己想要的状态。思考完这些,如果你觉得你对现在的自己比较满意，那就可以先暂时打消出去创业的念头。其实所谓"创业"，就是拿"确定性"去博"可能性"，但创业会比现在已经稳定的一个职位有更多的"未知"。这些"未知"的量化首先是自己可以承受的底线是什么。如自己能亏得起哪些、可以亏得起多少资金、在多长时间内可以承受得起不赚钱，然后给自己设置一条底线，只要这条底线思考清楚了，心里还有冲劲儿，那就有支撑自己去创业的力量。其次，评估自己创业的可能性，可以达到什么级别，想明白自己要的结果是什么……列几条出来，也是给自己创业的理由，然后给自己画画未来的蓝图，进行直观思考。

维度三，自己有没有中间状态。

如果职业经理人做得好，算是借用公司平台，自己给自己打工——这就产生了一个中间状态。假设自己是真正厉害、有水平的人，又碰上一个有格局的老板，你完全可以主动请缨，给老板写一份可行性报告，做一次详细的分析，申请主动去开拓一块市场，并且争取在当地设立一家分公司，从老板那里争取所需的人脉资源和帮助。在此过程中，一定记得先跟老板谈好未来的收益分成比例。对于有格局、有眼光、有资源的老板，以上方法是可行的。如果你可以通过和老板联盟的方式，跟老板责权共享，让自己的事业更上一层楼，这是一个既聪明又双赢的解决办法。

维度四，评估自己所处的行业机会。

作为一个有创业想法的职业经理人，最基本的是要对自己所处的行业有很深的研究，有非常深刻的洞察力，如果所处的行业是处在成长期，最好自己出来创业还是在这个行业里，因为隔行如隔山，做生不如做熟。我在照明行业的时候，就发现很多这个行业的人在离开原公司创业时，还是选择在这个行业。记得有一个做照明行业的哥们儿，原来在一家照明成品公司做生产厂长，后来出来创业了，他选择做一些照明配件，我问了他的想法，他讲，他原来打工的公司做照明的成品，市场投入和资金投入都很大，但是利润却很低，他自己出来创业后，决定还是在照明这个行业发展，因为已经熟悉了这个行业，再换成其他行业还要重新开始，要付出太多的时间和精力去适应，所以打消了换行业的念头，从自身的能力、资金投入，以及利润各方面考虑，做配件让自己走得更远。就这样他靠做配件生存下来了。我认为这个例子很值得借鉴。

维度五，盘点自己的资源和人脉。

如果到这个阶段，肯定已经能够判断是出来自己创业，还是继续做职业经理人。如果确定创业，还需要找一个创业时机，同时还要进一步去积累自己的人脉资源，这时已经进入创业准备阶段了。我希望这个时候的创业者不要心急，要向《三国演义》里的诸葛亮学习，东风不到，绝不轻易行动！同时也要对这些所谓的资源和人脉做深度的评估，不要被一些不靠谱的人所误。

通过这五个维度做深度思考，如果条件充分的，就要抓住机会；如果条件不充分，那还是老老实实做好职业经理人吧，真的不要一招不慎，损失惨重，后悔莫及。

9. 想结婚了，自己的实际情况和丈母娘的要求差距太大了，不如出来创业拼一下

在城市生活的朋友，可能会遭遇这种情况。面对这种情况就想创业的朋友，其实质还是一种赌博思维，就是赌创业会让自己发达，赚很多钱，但是对于创业的风险却是选择性地忽略。在没有好项目、好的实施方式，甚至连要做什么都不知道的情况下就要创业，这其实就是创业失败的根源所在。一是"赌"字，就是赌自己创业一定会赢！于是从创业筹备开始就让整个创业过程拥有了跟赌博有一样性质的基因。二是"贪"字，"输了再来一把，后面赌得更大，方便将失去的赢回来"的思维；三是"急"，急于求成，总想快点出结果。

其实家庭和事业是有关联而又相对独立的，固然"有情不能饮水饱"，古人强调的"门当户对"也有一定的合理性。但如果我们非要把事业和家庭混在一起，这个结果肯定是不会好的，事业是一个讲"钱"的地方，而家庭是一个讲"感情"的地方，在一个需要讲钱的地方谈感情，而在一个需要讲感情的地方谈钱，这是一件混乱且糊涂的事。为了"未来丈母娘"的要求而走上创业的路，我认为想法太不可取了，因为有很多种方式可以解决这个问题，不一定要用创业这个方式。

10. 我的手头有某某关系资源，只要利用好这个资源，我就能够快速地创业成功

有这个想法的朋友应该是不少的！不排除有的朋友最后创业成功了，但是要创业成功，绝对不是简单的靠关系资源这一个条件就行。有很多我们平常

看到的张三或李四靠什么关系资源最后创业成功的例子，其实只要你再深入了解一下，你就会发现张三或李四创业成功是一个系统性和多因的结果，而不是单因的结果。但是很多创业者并不了解这一点，只是简单性地归因，这就会在创业的初期失去对整个项目的准确把握，误认为手头拥有的关系资源就可以搞定一切，结果就会在创业的过程中刚性过强而弹性不足。

不管是什么创业项目，几乎没有一种是完全按照创业者最初的创业计划书来进行的，我们去观察身边的创业成功者，会发现他们都在创业的过程中不断地调整，有的是大调整，就是他们最初做的项目和现在的项目不同；有的是小调整，就是发现他们虽然做同一个项目，但是项目里面的赢利方式不同了。这个其实就是创业者对创业所做的有效调整，毕竟，实践是检验真理的唯一标准。

《创业小败局》里有一个案例，曾经被《21世纪商业评论》评为"中国最佳服务商业模式"的亿佰购物商城诞生于2007年，其创始人韩吉韬原为神州数码PPT事业部的高级总监，做这个项目最初就获得资本1000万美金融资，注册成立了北京东篱南山信息技术有限公司，"亿佰购物"为其旗下信用卡分期购物平台。亿佰购物的商业模式非常简单，就是通过与银行合作，用DM单（直投杂志广告）、短信、手册、EDM（电子邮件营销）等形式完成商品的销售，它同时也拥有自己的B2C电商购物平台，利用银行海量的信用卡用户数据从事产品分期销售。

在当时的环境下，这是一个外人看来足够完美的模式。一方面不用自己去拓展用户，因为银行手上大量的客户资源和数据会让亿佰购物轻松地接触到用户；另一方面，由于银行单独做电商的模式并不成熟，的确需要一个这样专业的平台帮助他们来转化客户。在"最佳商业模式"的光环下，"亿佰购物"开始了自己的扩张之路，其员工数量由创立之初的20人扩展到500人的规模，办公地址也从相对便宜的地方搬到了高端写字楼。在风光的表面下，"亿佰购物"的人力成本在不断攀升。

而且，"亿佰购物"的发展也颇多不顺。2009年，刚成立不到两年便遭遇了金融危机，由于国家对信贷风险的把控，各大银行突然收紧了对信用卡的发放，这导致其业务量急剧下滑，销售额跌了一半。2012年，随着国内几家知名的垂直电商网站纷纷倒闭，整个资本市场和电商行业一下子陷入寒冬，电商突然发现融不到资了。"亿佰购物"也不能幸免。危机随后全面爆发，先是供应商爆出被拖欠货款，接着，韩吉韬对外回应称，公司目前确实存在困难，但会尽力解决，如果公司实在经营不下去了，会通过法律手段处理此事。这证明"亿佰购物"已经走到死亡边缘了。

我们看这个案例就会发现"亿佰购物"在受到其他电商的巨大冲击下，它独立的B2C商场在没有流量的情况下根本无法生存。在现有电商，如京东和天猫推出类似服务、银行自建商城的冲击之下，它这个商业模式的客户价值急剧变小。用户群已养成了在几大平台上购物的习惯，无流量、无资本支持就无竞争优势。

在这样的外部环境下，"亿佰购物"过度信奉对资源的依赖。把希望寄托在了对大客户的依赖之上，在面对整个大环境的变化时，也没能做出及时调整。因为拥有所谓的资源，也导致"亿佰购物"对用户体验的漠视，但作为电子商务，其核心还是在于满足用户需求、做到最好的用户体验。随便在网上一搜，就看到亿佰购物大量丢货、延迟发货、客服不反馈等问题的讨论，这些都是影响"亿佰购物"生存下去的重要因素。另外，"亿佰购物"的利润点其实很低，甚至有时候没有利润，因为它每使用一个银行的数据，都要给银行一个很高的扣点，这也极大地削减了"亿佰购物"的利润。在这里，也给这些想靠关系资源创业的朋友提个醒，关系资源也是需要成本的，这个成本是多少，你是否认真算过了？

对于所谓的"关系资源"，我曾经也有过误判，我开工厂的那段失败的创业经历，其中一个失败的因素也是迷信所谓的关系资源，我总结为：潜在客户的谎言。相信每个创业者在筹备的时候，都或多或少地喝过这个迷魂汤，身边总有这么一些人在给空头支票，比如我要开工厂时，有个客户口头承诺会给我一个月一万套的订单支持，让我放心地开始，等到我真正开始的时候，他们又有诸多原因落实不了，或者给的订单都是鸡肋型的，食之无味，弃之可惜！所以，创业者应该认真地分析自己的创业究竟是解决了这个社会的什么痛点，是不是真正能解决客户的需求，这样才有长期发展的价值，如果只是单纯地靠一些关系就去创业，风险性是非常高的。商场更多的是利益的交换，根本不可能存在持续单方面的价值输出。某个在你创业之初就给你支持的朋友，要么是基于你以往出色的表现，他们认为你可能会有大发展，因此先给你一些支持，换取以后更大的回报；要么就是在还他以前欠你的人情，还完就没有了，如果要他的这种行为持续，除非你能给他带来价值。如果一个创业者将创业的希望寄托在这种类型的客户身上，那么，这无异于镜中月和水中花。记住，自古商场如战场，都是利益至上的，没有永恒的敌人，当然也不会有永恒的朋友。所以，真的不要因为什么关系资源去创业了。

二、常见的创业失败的因素

1. 选择的商业模式出现问题

所谓商业模式，是一种包含了一系列要素及其关系的工具，用以阐明某个特定实体的商业逻辑。它描述了公司能为客户提供的价值以及公司的内部结构、合作伙伴网络和关系资本等，用以实现（创造、推销和交付）这一价值并产生可持续赢利的要素。

很多创业者在刚创业的时候也不知道什么才是适合自己公司的商业模式。但是，一个成功的创业者一定是找到了适合自己的商业模式。不管是什么实力的企业，只要是商业模式出现问题，最后肯定以失败而告终。

举个例子，贝塔斯曼集团是一家国际传媒集团，实力十分雄厚，它从1835年成立到现在，已经形成了很成熟的管理经验和管理模式。1997年，贝塔斯曼集团正式进入了中国，它在中国复制法国直营店的成功经验。

在欧洲，去书店买书、看书已经成为人们的生活习惯。高书价、低房租也成为书店遍地开花的有利条件。深知这点的贝塔斯曼在欧洲开展了大批直营店业务，在快节奏生活的美国却主营书友会和线上业务，但在中国，这一切却行不通。把法国直营店模式直接复制到中国的恶果很快体现出来，日渐看涨的房租和人员成本，以及人们对实体书店的普遍淡漠，让贝塔斯曼不堪重负。

尽管贝塔斯曼在来中国之前做足了功课，但它还是小看了中西文化的隔膜。书友会入会协议里关于每季度"推荐"购买的条款成为读者诟病最多的方面。书友会会员数量攀上巅峰之后，贝塔斯曼却仍一成不变地推销青春励志读物，并没考虑过更有内涵的读物。德国人敬业、有耐心、舍得投入，为了维护书友会，贝塔斯曼前后投入了4000万美元，建立了150人的呼叫中心，拥有储存800万用户信息的CRM（客户关系管理）系统和自主开拓的物流配送体系。但会员数量没有增长，成本却居高不下。每月仅邮册一项就要耗资300万元人民币。在人员方面，虽然贝塔斯曼99%的员工是中国人，但是CEO（首席执行官）从来都是外国人，和当地的文化融合就有冲突。即使招募中国管理人员，贝塔斯曼也更看重员工的海归经历。涉足出版的贝塔斯曼套用了它在海外的出版运作模式——针对作家、买断版权，这和国内普遍与作家谈版税率、谈起印量的做法迥异。2008年6月，贝塔斯曼在宣布关闭中国18个城市的36家门店之后，又于7月停止贝塔斯曼中国书友会的全部运营，停止接受新的订单，网上订购及目录订购都将停止。

这意味着，这家在中国苦心经营了十余年图书销售业务的国际传媒集团全面退出了其在中国的这块业务。通过贝塔斯曼的案例，我们能够充分认识到由于商业模式的不适合，实力再强大，也只能是以失败告终。

2. 防损管理不到位

防损管理，"防"指的是预防，"损"指的是损失；"防损"，简单来讲就是防止损耗及预防风险。常见的有以下三种：防止公司内外盗窃行为；防止收银员有意作业不当，减少录入商品的数量和应收金额；防止采购员拿回扣。对任何一个公司来说，损失都是普遍存在的，只是区别在于损失范围的不同，防损时应用的手段也存在差异。

从近些年中国企业发展的历史来观察，损耗管理从来没有被当作独立的概念提出来，也没有受到足够重视。比如粗放型的企业管理，只注重宏观经济指标的完成，但是对防损工作却缺乏制度设计。表面来看，防损理念确实不能给企业带来什么直接的利润，但它却能够减少企业的利润流失。有些平时看似无关紧要的防损问题，经常孤立地被对待和解决，所以只要风险发生，老板只能充当"救火队长"的角色。这就导致了企业损失和增加处理成本的结果，并对企业的持续运营产生不良的影响，有些风险甚至可能会对企业造成致命打击。很多小微企业倒闭的真正原因其实就是没有做好防损。

怎样杜绝企业内存在的内盗、腐败、浪费，怎样保护企业的信息安全和商业机密，怎样解决环保、安全、健康、职业安全等这些问题，以及如何提高企业的工作效率、降低商品成本、减少企业的形象受损等，都需要老板下大力气抓好。也只有这样，公司才能够生存下去。

在此，沃尔玛的防损文化建设值得我们借鉴。这家零售连锁巨头的防损文化模型可以分成三个层次：感应、心理、意识。

所谓"感应"，是指通过规章制度建设，使得企业员工建立基本的行为准则。在日常工作中，每位员工都要在行动上主动降低不必要的损耗。

所谓"心理"，则着重企业通过营造环境氛围从而影响员工。沃尔玛的环境氛围让员工从第一天上班就开始接受其影响，并且覆盖所有工作人员甚至是供应商，通过各种类型的企业培训课程，教育所有相关人员，并且持之以恒。

所谓"意识"，则主要通过激励来实现。在沃尔玛内部，员工可以听到高层的声音，并且感受到来自高层的关注。沃尔玛还通过全球道德奖的评选，让大家向榜样学习。

3. 产品质量出现问题

因为产品质量出现问题而倒闭的企业实在是数不胜数，大中小型公司都有发生，小公司尤其多，因为很多初创的小公司没资金没技术没人才，在这种条件下做出来的产品往往因质量把控不严格而出现质量问题，面临退货、赔偿的局面时，就会破产。

质量问题对于一家小企业是一个生死攸关的问题，对于一家大企业也是同样如此，众所周知的三鹿集团，就是由于奶粉质量问题而破产倒闭的。

质量问题重于泰山，每年中央广播电视总台的"3·15晚会"都会曝光生产、销售有质量问题商品的企业，看看那个场面就知道了，相信被查封的企业老板应该是后悔到极点了吧！但是这个世界上哪里有什么后悔药吃呢？

4. 公司战略方向失误

由于战略方向失误而导致破产的企业实在是太普遍了，包括我本人的灯具工厂倒闭也是一个战略方向的失误。我本来做灯具贸易还是挺好的，转型做生产之后，经验、人员配置、资金等各方面都匹配不上，就导致了灯具工厂的倒闭。凡是战略性失误的公司，不管公司实力的大小，都很难逃过破产的命运。

众所周知，柯达公司不愿意放弃既有市场，又想通过专利保护来阻挡新技术，但是最终还是被数码技术的洪流颠覆，被迫破产重整，这就是一个经典失败案例。

据《中国经济网》的报道，曾经的柯达是世界排名前列影像产品公司，占有全球很大的胶卷市场。柯达从来都不缺少技术储备，它曾经站在照相技术的巅峰，拥有很多专利技术，并将数字影像技术用于航天领域，其在很早就有了高像素的数字相机。当摄影拍照技术从"胶卷时代"大踏步进入"数字时代"之际，柯达舍不得放弃传统胶片领域的帝王地位。倚重传统影像业务的柯达高层不仅没有重视数字技术，反而把关注的重点不恰当地放在了防止胶卷销量受到不利影响上，妄图通过专利保护把数字影像技术雪藏起来，以保护现有产品，导致该公司未能大力发展数字业务。殊不知，一些企业在充分借鉴柯达专利技术的同时，巧妙地绕开了专利保护的障碍，开发出更廉价的数码产品。当柯达意识到问题的严重性时，为时已晚！2002年柯达的产品数字化率只有25%左右，而竞争对手富士胶片已达到了60%。随着胶卷的失宠，以及后来的智能手机的出现，柯达终于在2012年1月申请破产保护，一家大公司就此没落了。柯达的衰败可以说是时代变迁的一个缩影，也可以说是一家企业战略失败的经典案例。

5. 公司没有及时变革，缺乏创新，因体制弊病被淘汰

这种情况主要发生在中大型企业，比如大家所熟悉的诺基亚、雅虎、摩托罗拉等等，事实证明：如果一家企业不重视创新，就容易被颠覆。

一个经典案例就是诺基亚，可以说，在十几年前，诺基亚就是手机的代名词。我的人生第一部手机就是诺基亚。诺基亚在属于它的时代，曾经创造过连续十几年占据市场份额第一的纪录，是当之无愧的移动电话老大。而且就是诺基亚最先提出智能手机的概念，诺基亚称自己不是手机制造厂，实际是一家互联网公司。话虽如此，但是诺基亚只是在理念上照搬了传统互联网和电脑的概念而已，简单地想把它的智能手机塑造成像电脑一样强大，所以在能力范围内把鼠标、键盘、桌面这些管理办法都搬到智能手机上。

2007年，苹果公司的iPhone面世了，它简单到用手指替代了实体键盘，并且独创了平铺桌面，通过App Store吸引了无数开发者，这就彻底颠覆了原有的智能手机概念。当意识到自己的问题后，本来诺基亚可以重新学习iOS的UI，从而重构塞班系统，甚至还可以全面转向Android——普遍认为，诺基亚以它多年的技术积累，可以很快利用Android拥有自己的一席之地。但它选择与微软公司合作，而微软的WP系统相比iOS、Android而言，并不具备任何优势，

另外，还缺少第三方应用，所以，很多客户只能选择其他产品。因为客户的不认可，诺基亚最终失去了公司生存的基础，只能选择将自己以约72亿美元的价格卖给微软。这个案例中，诺基亚面对互联网的迅猛发展，因自身无法突破原先的商业模式，最后无力应对产业的变革，也就被市场淘汰了。

6. 低价策略、激进营销

很多的互联网公司之所以会失败，多是因为扩张太快了。很多公司融资后，自我感觉资金充实，于是就开始疯狂烧钱，可惜很多钱都用错了地方。当他们意识到自己烧钱太快且对公司的增长没有什么帮助时，都已经晚了。那他们都将钱烧在哪些地方呢？答案就是：很多地方！如快速招聘大量员工、装修公司办公室、华而不实的招商会等等。总结一下，企业将大量资金浪费在对增长业务没有有效帮助的事情上面。所以，在企业增加支出时，一定要先确保公司账户里有足够的资金，或者是公司确保有方法能赚到更多的钱，不管什么企业，如果在公司的核心业务还没有取得任何实质性突破时就把钱花光了，那么接下来就只能走向失败。

据《成都商报》的报道，号称"要用互联网改变驾培行业"的网红驾校"猪兼强"破产了。"猪兼强"曾是广东网红驾校，后来却因负债累累，待破产时尚有待退学费2亿元，涉及3万名学员。

公开资料显示，猪兼强成立于2014年9月2日，注册资本1281.25万元。成立之初，猪兼强就采取"互联网营销＋自营驾校"的连锁运营模式，线上通过淘宝、京东、微信等网络平台投放学车广告并收取学员学费，线下全资或控股广州、杭州等地驾校，由驾校负责学员培训与辅助考证工作。猪兼强提出的"非挂靠、不中介、全直营"的商业模式，直接打通线上线下，免去中间商赚差价，击中了驾考行业收费不透明的痛点，吸引了大量学员报名。猪兼强曾在公司网站上宣称有20多万名学员，按每名学员学费5000元计算，猪兼强仅学费收入就高达10亿元。2016年至2018年，猪兼强共收获4轮融资。猪兼强极为重视营销推广，风头最盛时，几乎每个身在深圳的人，都曾在公交车、地铁、小区电梯、户外广告牌上见到过它的广告。据报道，2014年至2019年，猪兼强在运营的5年时间内累计融资2.4亿元，但在广告投入上花了4亿元。

2019年，这样一个营收近10亿元的平台"爆雷"。有不少消费者反映，自己缴费报名后,还没有进行过任何学习和考试,线下运营点就已关停或搬迁,负责人也不见踪影。2021年9月10日,广东猪兼强互联网科技有限公司破产管理人通过官方微信发布公告,称广州市中级人民法院已于8月31日裁定猪兼强破产。从公告中看,猪兼强是被债务压垮的。公告称,猪兼强已不能清偿到期债务,并且资产不足以清偿全部债务,也不具备重整、和解的条件。

"猪兼强"驾校前期通过很多促销,极大地消耗了现金流。最后,随着资本的撤退,原本掩盖在低价之下的质量问题也被挖了出来,最终走向了破产。

7. 执行力差

这个失败因素,应该很好理解!一家企业即便有再好的战略,如果没有执行力,一切等于零。美国霍尼韦尔公司前总裁拉里·博西迪说过:"执行应当是一名管理者最重要的工作。"

对初创企业而言,好创意固然很重要,但好的执行则更为重要。好创意很容易会被他人复制,你永远无法阻止追随者的脚步,所以,你只能不断加快自己的脚步。强有力和可持续的执行力是企业前进的重要动力。强执行力既包括将已经制订的计划落地,还包括当市场和消费者需求发生转变时的快速反应以及应对方法。其实,创业者不必太在意最初的计划。很多创业成功的公司在中途完全改变了最初的创业计划,并且开启了新的商业计划。比如,美国的英特尔公司,它并不是一开始就做芯片的,它创业之初是卖计算器的,就是那种单纯用来算数的计算器。而现在韩国的支柱企业三星集团,成立最初只是韩国的一家食品出口商,主要是向中国出口面粉和鱼干等食品。在实际运营中,我们会发现大多数情况下,企业调整的方向就是由你所服务的客户决定的,而企业进行的调整是否成功,关键点全在于执行力。

一家企业缺乏执行力的后果:好的创意变成产品后打了折;产品被推向市场时又被打了折;客户拿到产品后的体验再次打了折;对客户的售后服务还是被打了折……折到最后,就不仅仅折损了客户的信心,也将会彻底折损了这家初创企业的生命力。执行力差是很多企业倒闭的真实原因,希望创业者重视这个问题。

8. 被公司库存拖垮

被库存拖垮的公司，多发生在服装行业、跨境及国内的电商行业。这种事例太多了，包括我的工厂，等到关闭工厂的时候，我才明白很多宝贵的资金都变成了库存，而这也是我资金链紧张的重要因素之一。一个开铝材厂的同学说他每年赚到的钱就是仓库的一堆库存，因此，他的工厂一直效益不好。对于大多数企业来说，因为企业的管理层挪用公款而导致企业倒闭的概率极小，造成企业被迫选择终止运营的最多情况是库存积压而出现的资金紧张。因此，企业的积压库存真不是小问题，而是关系到生命线的大事，一定要妥善解决。

创业者要清楚积压库存将给企业带来以下成本：占用大量资金所产生的成本；占据橱窗和仓库而产生的直接成本，如房租、人工、水电及管理费；因为库存而影响新品正常销售的机会成本。

那么企业应当如何解决积压库存的问题呢？

首先，企业要增加在研发生产、市场营销等环节的投入，通过大数据等技术，尽量贴近用户、了解市场，从而让自己的产品更接近市场需求。毕竟，有价值的产品才是畅销的基础，只有企业综合能力越强、产品越有竞争力，才可以减少库存积压。在一些非标准品的行业，还能够采用反向定制、订单制销售等方式，从而规避库存风险。

其次，企业要正确认识库存货品的价值。很多企业的库存刚开始并不多，但不肯折价处理就导致库存增多，最后压垮企业。从经济学的角度来观察，积压库存产品实质是已经发生的沉没成本，这时还当它是正常的商品去销售是错误的做法。库存产品多存放一天，就会增加一天的成本，而同时库存产品还在不断减值。处置得越迟，企业的损失越大。

最后，企业必须建立起规范的减库存处理工作流程。要根据库存产品的数量和档次等指标，提前规划好处理的渠道。如果是批量小的断码产品，可以在自有渠道作特价销售。但千万注意，别在主要渠道长时间打折销售库存产品，这样将会伤害品牌形象，造成正品也卖不上价的严重后果。比如某服装品牌近年为了处理库存产品，就在自己的门店渠道不断打折，最后导致新品销售受挫、企业整体业绩下滑。因此，强烈建议企业跟专业的去库存渠道合作，处理库存。

最后强调一下，企业想要长期解决库存问题，就应当正确理解积压库存的价值，积压库存不是正常存货，它是沉没成本。企业经营要保证"现金为王"，所以库存处理得越快越有利。

9. 资金链断裂

我们随便上网搜一下关于资金链断裂而创业失败的真实案例，就会发现这样的例子数不胜数，比如易果生鲜。中国企业家杂志曾在 2020 年 10 月 16 日发布过一篇报道：上海易果电子商务有限公司成立于 2007 年 2 月 16 日，淘宝为其大股东，持股 16.56%；易果生鲜成立至今共完成 7 轮融资，投资人不乏阿里、苏宁、KKR 等知名企业；2013 年至 2016 年，易果生鲜获得了阿里及旗下云锋基金 A、B、C 连续三轮融资，累计投资金额达到数亿美元；在阿里的助力下，易果生鲜的订单量快速增长，业绩一路上涨；易果集团联合创始人金光磊曾透露，2017 年易果集团交易总额达 100 亿元，较 2016 财年披露的 36 亿元增长 178%，预计将在 2018 年实现盈利。

但是等来的不是易果生鲜盈利，而是破产重组、负债 23 亿元的消息。

根据"破产审查案件"裁定文书显示，截至 2020 年 6 月 30 日，上海易果电子商务有限公司账面总资产为 34.3 亿元（含对外投资 21.03 亿元），总负债为 23 亿元，净资产为 11.26 亿元，但主要资产均为对子公司的长期股权投资和营收账款，且重要子公司安鲜达（涉及对外投资 3.17 亿元）、云象（涉及对外投资 2.87 亿元）均已申请破产重组，难以回收变现。

对于企业来说，现金流比利润更加重要，现金流是企业维持业务正常运营的必要条件！如果现金流断了，不管这个企业的规模有多大，有多好的技术和产品、多专业的销售团队都是没有用的，因为现金流一断，就像人体大出血一样，即使这个人全身的其他器官是完好的，但没有血液的滋养，最终也会死亡。对于企业而言，没有利润会慢性死亡，而没有现金流就会急性死亡。

企业进行差异化发展和快速扩张，包括注重营销都是有其道理的，但是要做到这些必须是以企业强大的资金实力做基础，如果没有资金支持，即使前期打下的市场，最后也会易手他人。

最后，给创业者的六个建议：

（1）创业者如果资金紧张，正在考虑融资，建议别太在乎估值，可以拿钱快点拿，当然，最好还是采用"蜗牛式创业"的方法，不要太冒进；

（2）创业者手里要有企业可以平稳运行两年的资金；

（3）创业者在自由现金流和利润率之间一定要选择自由现金流，在收入规模和利润率之间一定要选择利润率，而在财务安全和增长曲线之间一定要选择财务安全；

（4）创业者要重视可用于银行贷款抵押的资产，它们是企业的第二条生命线；

（5）若创业者还没有确定创业方向的话，个人建议，除非创业者有很强的能力和背景，否则要避免需要大量资金投入才能够启动，且需要持续不断烧钱的领域；

（6）创业者在经济下行周期，也不用太悲观！因为如果你已经做好了准备，别人眼中的"危"将是你的"机"。

10. 企业股权争夺和团队内部冲突

俗话说，家和万事兴。这个话用在创业上，也是一样适合的，如果企业内部不和，即使创下来的业，也最终会易手他人。中国经营网刊载过一篇文章，指出国内很多企业的创业者围绕着控制权的稀释与反稀释的斗争一直就没有停息过。从真功夫蔡达标到俏江南张兰，再到万科王石，公司创始人最后丧失企业控制权的教训经常上演，而近年来公司的内斗案例比以往的技术含量更高，当商业技术和法律技术纠缠在一起，公司内斗的影响力和复杂性日益提升，这将更不利于企业的健康发展。具体来说，公司内斗包括很多层面，比如创始人之间，大股东与中小股东之间，投资人与实控管理层之间，（家族）企业实际控制人与代理人之间，还有夫妻创业（当当模式）、合伙人创业、兄弟创业等。

究其原因，还是巨大的利益驱动和文化差异。希望创业者重视这个问题，要不事业做得再大也是白费心机，最后还要眼睁睁地看着创业成果在无数次的争斗中被摧毁。

11. 盲目迷信关系资源，结果上得快，也下得快

这样的案例太多了，这里就不详述了，比如前面说的"亿佰购物"就是一个典型的案例。很多创业者只看到关系资源的好处，却不知道关系资源也是有成本的，这个成本至少包含以下三类。第一，使用关系资源是需要成本的，这个成本是创业者忽视的，而且这个成本不仅包括金钱，还有其他没法用金钱

计算的东西。第二，创业者利用关系资源刚开始会跑得很快，但实际却是像一只吃了催长剂的鸡一样，只有外在的体形，内在一堆问题。但创业者由于陶醉于自己的体形，盲目乐观，对市场机会容易误判。第三，创业者因为赚关系快钱形成习惯了，对于自己的产品和服务不能悉心打造，当关系和资源有什么变动时，无法及时调整，这个是长期发展机会的成本。

我感觉完全依靠关系资源来创业的人，更像是下面故事中的猴子。据说在阿尔及利亚的艾尔基尔这个地区，山上的猴子跑到农田里面去损害庄稼，猴子们的目的其实很简单，就是储备一些粮食，解决自己的肚子问题。

艾尔基尔这个地方有一个捕猴子的方法，就是在农民家门口放一些米，诱使猴子们过来。在一种独特的细瓶颈、大肚子的瓶子里放上很多吸引猴子的白米。当这些猴子晚上跑过来偷白米，将爪子伸过那个瓶颈，抓起一把米的时候，爪子就抽不出来了。当然，如果猴子松开爪子放掉米，还是能逃走的，只是没有一只猴子肯这么做。艾尔基尔地区的农民们就一直用这种细瓶颈的瓶子来捕捉猴子。每天清晨，就可以看到一只只猴子坐在地上，在跟那个瓶子较劲。很多年来，几乎没有一只猴子把手里的那把米放下。

我们可能会为猴子的贪心感到可笑，但在创业中，我们当中又有多少人因为不肯放下抓在手中自认为很宝贵的关系资源，最终而累了自身呢？有得有失，该放就放，抓住不该抓的而不放手，难免会为此负累，可是有的时候，有些创业者自认为"关系铁"，或者放不下既得利益，或者为了"不服气"，或者为了众人的眼光，或者为了心中自以为是的事情，而往往错失了调整自己的时机，最后就变成前期发展得像火箭一样，后期掉下来也如自由落体一般。

12. 法律障碍

作为创业者，想要长久经营，法律的底线是不能碰的。下面是一个有着惨痛教训的案例。

据《楚天金报》报道，1982年出生的郑立毕业于四川大学物理系；2002年，其创立了华人第一音乐社区分贝网；在成功捧红网络歌手"香香"网络歌曲《老鼠爱大米》后，郑立成了"网络红人"，号称"身家过亿"的"80后一代精英"，受到各方追捧。

2008年6月，分贝网经营出现了问题，正常业务几乎没有什么进展，郑立便开始将目光投向色情视频聊天网站，他找到原合作伙伴戴泽焱，以及创办多家色情视频网站并负责技术维护的刘峻松，三人一拍即合，迅速进入了筹备阶段，后又分别以重庆彩蓝科技有限公司、重庆访问科技有限公司和重庆聚乐网络有限公司的名义，签订了一份视频聊天室的合作协议。他们将招来的裸聊女子称为"主播小姐"，24小时不间断地进行表演。2009年4月，荆州市公安局网监支队开始对其进行侦查。经查明，至2009年6月，仅通过上述网站注册的用户记录达570多万条，郑立、戴泽焱在网站上提供的银行账户汇款达23万多笔，共1493万余元。法院审理查明，三家被告公司，在网络视频上多次组织淫秽表演活动，从中牟利，且持续时间长、观看人数多，社会影响极为恶劣，属情节严重。被告人郑立犯组织淫秽表演罪，判处有期徒刑6年，并处罚金50万元。

创业者一定要注意创业过程中所面临的法律问题，我建议创业者最好学习一些如经济法、合同法等常用的法律。法律问题是一个大问题。"法律面前，人人平等"是一个基本的常识，不管创业者创业有多成功、赚了多少钱、团队有多大，碰到法律问题，一切归零！法律对所有创业者拥有一票否决权。我在后面会专门讲创业者应该懂的法律知识，供大家深入了解。

13. 运作成本问题

因为运作成本问题而导致倒闭的企业在各行各业都有，我们以餐饮行业为例，这一次的新冠疫情的突然袭击，给餐饮行业带来的影响是巨大的，很多餐饮公司，包括连锁店、大饭店和一些咖啡店，被运作成本拖累，倒闭不在少数。

第一，因为这些店的装修成本特别大，撤离成本太高，所以它们寻找降低租金的可能性也变得很小。另外，这些餐饮类企业是以上门就餐为主，而且咖啡店、大饭店本来有一个春节期间的经营旺期，疫情让这个传统旺期变淡了。

第二，一些连锁大型餐饮公司，由于追求一个高水准的整体用餐环境，最初在装修和配套设施方面投入的资金也是比较多的，为了不占用企业大量的资金，很多公司是通过贷款等融资方式得到资金扩张的，而贷款需要还利息，所以这笔资金的使用成本也是一个很大的数字。

第三，这些大型的餐饮公司员工人数多，人工成本也不低。

第四，食材价格的上涨对于餐饮企业来说，则意味着成本上涨。

由于餐饮行业的特点是高周转，现金流与门店营业收入联系紧密，所以自身留存的现金流往往仅能维持一到两个月运营。在疫情期间，门店堂食停业，租金、员工、库存等成本没有减少。另外，即使企业恢复营业后，还将经历一个很长的消化期，各项费用和成本不排除继续攀高的可能。餐饮行业的旺季和淡季非常明显，春节期间，就是行业的"旺季"，但由于疫情的影响，很多餐饮企业损失严重，一方面是没有营收，另一方面是囤积了大量食材，但企业的各项开支并没有减少，所以餐饮企业的经济压力很大。如果它的现金流不足，就会破产倒闭。

餐饮企业只是一个例子而已，因为运作成本过高而创业失败的例子在各行各业都是普遍存在的。我开照明工厂的时候，投入液压机、冲床、开发模具等也是运作成本过高而导致开厂失败的一个例子。我的个人建议：作为一个创业者，尽量选择一些低运作成本的行业，如果是选择这种高运作成本的行业，首先要解决的是资金问题，资金决定抗风险能力。

14. 产品定位出现问题

产品定位是指产品在未来潜在顾客心目中占有的位置。其重点是对未来潜在顾客心理所下的功夫，为此要从产品特征、包装、服务等多方面作研究，包括顾客和竞争对手的情况。产品定位的理念可归纳为三项内容：产品在目标市场上的地位如何，产品在营销中的利润如何，产品在竞争策略中的优势如何。

产品定位是指确定某产品在消费者或用户心目中的形象和地位，即通过塑造产品或企业的鲜明个性或特色，树立产品在市场上的形象，从而使市场上的目标用户了解和认识本企业的产品。同时，产品定位也是指企业为满足目标消费者或者目标消费市场的需求，选择使用什么样的产品。

下面举一个经典案例说明定位的问题。

大众汽车品牌"辉腾"，本来是一辆价值二三百万元人民币的高档车，却被认为是一辆价值二三十万元人民币的中档车，应该算是产品定位做得很失败的案例。1998年，大众汽车投入巨资，历时四年，辉腾问世，随后大众汽车宣布进军豪华汽车领域，向奔驰、宝马叫板，但是辉腾的高售价和外观，让它成了大众汽车最赔钱的车型之一。

虽然辉腾这款车型拥有以下的高配置：

（1）定位很高级。辉腾的英文名是Phaeton，与希腊神话中的太阳神之子同名，顶配车型为200万元起步。

（2）先天的豪门优势。大众为辉腾的诞生耗资2.2亿欧元重金打造的"德雷斯顿透明工厂"，可谓史无前例。同时，辉腾还是和宾利、A8共线生产的手工大众车，车里不但搭载众多尖端科技，还坐拥百项专利。

（3）登场即是巅峰。辉腾拥有W12发动机，四轮驱动，太阳能天窗……配置丰富、动力强劲、极度舒适，就连奔驰S系和宝马7系，也得仰视它！

但是辉腾的"产品定位问题"让它所有的努力都打了大大的折扣。辉腾汽车就是一款既没打响品牌，还要跟自己公司旗下中低端款帕萨特汽车"共享"同款外貌的高档汽车。帕萨特是大众的一款成功产品，它既符合大众的平民定位，又受到客户信赖，拥有很大的销售量。虽然辉腾想要告诉大家"我不是帕萨特！我是辉腾"，但是大家依然还是说"这是帕萨特"。举个例子，你如果要花20万元买块手表，你想买什么样的？回答这个问题其实只有三个要点：值得花20万元的表是什么品牌；这块表是什么样子的；这块表有怎样的配置和功能。虽然最后大家都会根据需要做出自己的选择，但扪心自问，肯定不会有太多人会花高价去买一块"看起来低档"的手表吧。

我们随便在网上搜"辉腾"，跳出来的文章中很多都会插入辉腾汽车的段子。某老板进停车场正在找停车位，收费员冲他喊道："喂，那部帕萨特要小心点儿，千万别把旁边的新宝马530给撞了，你赔不起。"某老板怒吼道："老子的车都够买它几辆了！"某某驾驶一辆"辉腾"，本来是要加97号汽油，却被当成帕萨特中档车，加成了93号汽油。某某驾驶一辆"辉腾"去接客户，却被客户嫌弃是"低档车"配不上他的身份。还有一个网络顺口溜——"不怕奔驰和路虎，就怕大众带字母"，说的就是辉腾，因为在很多人的眼里，它就是大一号的帕萨特。

总结一下，由于大众公司的这款车型产品定位出现的严重失误，它后来的结果众所周知，总销量8万多辆，累计亏损146亿元。大众公司本想华丽转身，不料却惨烈撞墙，辉腾这款车型从上市到停产也就短短14年，终于在2016年，大众公司宣布辉腾停产。辉腾可能是最经典的大众，同时也是最失败的一个。

关于定位，我有一个至今都很难忘记的经历。我在离开照明行业转做坚果贸易的时候，曾经到深圳参加一个国际礼品展会。在展会中，我碰到了一个做台灯的商家，因为灯具是我熟悉的行业，就跟老板多聊了几句，经过了解，我发现他不是将台灯当成一个照明灯卖，而是将台灯定位成礼品——一个有几十个工人的工厂，只生产这个做礼品的台灯。他的台灯礼品属性做得很好，能够根据客户的需要，在台灯上面印上客户公司的名字，甚至是客户指定的个人名字，而且从台灯到包装盒、包装袋都是可以做订制的。我当场就被震住了！作为一个在照明行业待了十几年的人，我居然一直将台灯当成一个照明产品，从来没有当它是礼品；再回想自己办的工厂，也是一直将灯具当成一个普通照明产品，然后在这个照明的红海市场里面厮杀，我如果将我生产的灯具当成一个健康产品（好的灯具可以保护眼睛），当成一个礼品（送礼、私人订制），或者是一个节能产品（低能耗、高亮度），我的工厂应该不会落到如此下场。从我自身的例子也可以看到产品定位的重要性，如果定位没有做好，不管付出多少，结果都不会好。

15. 所在行业的市场竞争太激烈了

在写这本书的时候，发生了一个大新闻，据《经济日报》的报道，2021年7月7日上午，社区团购平台同程生活（后更名为蜜橙生活）正式宣告破产。据了解，其创始人、董事长兼CEO何鹏宇还在与供应商会谈。超过4小时的会谈里，他数度落泪并承诺会尽力清偿债务，然而已无力回天。在社区团购这条残酷的赛道上，最后破产倒闭的，同程生活并不是第一家，但因其知名度较高，它的破产被媒体称为"社区团购破产第一案"，引起行业震动。同程生活为何会"猝死"？部分知情人士透露：主要是因为整个社区团购行业从拼创新转变为拼补贴。

这家成立于2018年1月，隶属于苏州鲜橙科技有限公司的企业，仅用了一年半时间，"已实现前端履约打平，进入良性发展阶段"，成为社区团购赛道上的明星，得到了不少投资机构的认可。据报道，2019年一年内同程生活连续获得4轮融资，破产前其估值约为10亿美元，算得上是一家小而美的创业公司。最近两年多时间里，从生鲜电商发展而来的社区团购模式，快速发展成为电子商务行业的一个新业态，为兴农富农及吸纳城镇灵活就业提供了一个新路子，也吸引了大量创业团队的进入。十荟团、兴盛优选和同程生活是其中跑得最快的三支队伍，一度被外界称为"老三团"。

然而，蓬勃发展的社区团购市场也吸引了"巨头"入场。2020年9月起，阿里、美团、滴滴、拼多多等纷纷祭出价格战的"大杀器"，"1分钱买菜"大行其道，连菜市场的摊贩都感受到了压力。"巨头"的突然进入打破了整个社区团购赛道的发展节奏，游戏规则随之改变。行业从"拼创新""拼执行"转向了"拼资本""拼补贴"。据了解，面对突然到来的生存危机，同程生活也曾有过抗争，在全力冲业绩的同时也谋求资本并购，与京东、阿里、字节跳动、美团等先后都探讨过收购意向，甚至有团队入驻尽职调查，但最终因行业风向变化，未能成功。

后来因品牌授权到期，高管决定启动更名和战略转型，以借此东山再起。遗憾的是，此时供应商开始集中挤兑催收货款，最终导致资金链断裂。

由于社区团购还处在快速扩张和增长阶段，美团（美团优选）、拼多多（多多买菜）、滴滴（橙心优选）已占据了头部位置，兴盛优选、十荟团也相继被京东和阿里收编。同程生活离场后，社区团购已变成"巨头"们的游戏。

设想一下，一个刚起步的创业者，进入这么一个行业，结果会怎样呢？客观讲，一个刚起步的创业者，进入一个以亏钱换市场的战场，这个是接近自杀的行为了！所以说，选择很重要，如果选择错了，真的是不管多少付出，最后都是白费工夫。

16. "皇帝的新装"式创业

这种创业，主要有两种。

第一种是为大家所知的"庞氏骗局"。这也算是一个进口的骗局吧，在第一次世界大战前就由查尔斯·庞兹所"发明"，他设计了一个投资计划，向美国人兜售，然后欺骗客户在45天之内可以获得50%的利润，或者在90天之内获得100%的利润，然后他再利用后面进入的投资者所支付的资金，填补下去，作为前一批投资人所得的回报。庞兹用这种方式，在一年左右的时间，就让4万多人成为他的投资者。庞兹共收到小额投资约1500万美元，平均每位投资人被骗了几百美元，在此同时，庞兹却赚了不少于百万美元。后来，由于很多投资人报案，庞兹的骗局宣告失败，而庞兹也因诈骗等罪行被判入狱9年。庞兹所"发明"的庞氏骗局，在20世纪算是最为典型的骗局之一，虽然庞兹已经死了，但他的"徒弟们"仍然遍布全世界。到了现代，这个骗术又衍生出许多其他样式。例如克洛斯骗局、金字塔传销、彩票骗局等。不管怎样变化，这些骗局都是打着"低风险高回报"的口号来吸引人投资，结果就是你想要人家的利息，人家看中你的本金。所以大家对于这种不符合逻辑的高回报投资一定要高度警惕。

在我国，庞氏骗局也是层出不穷，无一例外，都是这种利用新投资人的钱来向旧投资者支付利息和短期回报，然后不断制造赚钱的假象，从而骗取更多投资的招数。但还是有一些创业者会被这些骗局的光环所迷惑，被虚构的一夜暴富所洗脑，感觉这样做来钱快，但实际上这种违法的事情是不可能长久的，倒霉是迟早的事。说实在的，创业还是要一步一个脚印，不要总幻想一步登天。讲一个常识问题，现在的竞争那么激烈，还有这样赚钱的好机会是别人拉着你，推着你去抓住的？不可能吧！但为什么还是有些人会误入歧途呢？这是因为庞氏骗局抓住人性中急于求成和贪婪的弱点，所以才有那么多人将陷阱当成馅饼。

第二种是炒作概念和虚构事实的欺骗式创业方式。比如一些保健产品，将一些功效吹得神乎其神，什么几天内就可以美白祛斑，什么多久内就可以头发变黑，几天就可以解决多年的便秘问题，等等。比这些小打小闹的炒作"更厉害"的是号称"车载水可以实时制取氢气，车辆只需加水即可行驶"的骗局，这是一个典型的案例，据中国经营网报道，这个事件的主人公叫庞青年，是金华青年汽车董事长。庞青年的公司曾经与德国 NEOPLAN、德国 MAN 和英国莲花等公司合作生产客车、卡车和乘用车，也由此奠定了青年汽车集团早期的地位。但是由于经营方面的原因，青年汽车集团已被法院列为失信被执行企业，庞青年本人也被法院列为失信被执行人，以及限制高消费人员。2019年，庞青年在南阳搞的水氢发动机，按照他本人的说法：青年水氢燃料车不用加油，也不用充电，只加水，续航里程超过500公里，轿车可达1000公里。然而，真的是像庞青年所描述的那样美好吗？事实上自项目问世以来，水氢燃料汽车的合理性就一直被大众所质疑。上海交通大学机械与动力工程学院内燃机研究所副教授管斌表示，这是假的，所谓"水氢发动机"只是个噱头。"氢燃料电池"是以氢气作为动力的，并不是说加水就可以行驶，其中还涉及一系列物理化学的复杂反应，目前此项技术日本应用较好，在我国则还未进入实用阶段。那庞青年搞的水氢发动机的目的是什么呢？据媒体报道，庞青年这次可能拿到了南阳市政府平台出资的40亿元。

从庞青年的整个创业过程，我们可以看到，庞青年确实是一个能力很强的人，刚开始创业也是取得了不小的成就，但是此后企业盲目扩张和经营管理不善，创业路子也就走偏了，找出各种理由，炒作各种不切实际的概念，拿到各种投资和补贴。最后还要弄出这个"水氢发动机"骗钱，而结局就是2021年2月7日，金华市中级人民法院做出民事裁定，庞青年所经营的金华青年汽车进入破产清算程序。

通过以上相关案例的分析，我们可以看到这种"皇帝的新装"式的创业，不管市值有多少个亿、有多少家分店、利润有多少、拿了多少投资，其实结果都是一个：失败！既然这种创业方式的结局已经知道，我们又何必开始呢？换另一种正当合法的可持续方式去创业，才是正道！

综上所述，我通过16个常见的创业失败因素，让大家明白创业真的是非常不容易的，失败的因素非常多，我列举的这些只是其中最常见和最典型的。我的理解是如果将创业比喻成一个建立平台的工程，创业者的所有努力是在"建台"，而这些"失败因素"就像是一个"拆台的"。这个"拆台的"，如果只是拆到一些墙面的砖头，那会影响到建平台的进度，如果是拆到整个戏台的支撑柱，那问题就严重了，不管"建台"的人多么努力，整个戏台也必定垮塌。

说明一下，我写这一章的目的是想让创业者明白创业的风险性，创业者只有清醒了解到创业的特点才能做到有备无患。真正成功的创业者绝不可能会被这些失败案例所吓倒，相反，他们会在了解到这些特点后，还能有一股"明知山有虎，偏向虎山行"的勇气！

我本人喜欢创业，即便创业失败过，但我依然喜欢。写这本书，也是提倡大家创业，但是要注意创业的方式方法。因为创业失败的案例多不胜数，创业失败后走上自杀道路的人也是相当多的，大家可以上网查找一些权威媒体发布的信息，我就不列举了，因为太多、太惨烈了，有些案例让我触景伤情。

以下我将创业者分成几个类型，并给出一些建议。

对于还没有创业而想创业的朋友来说，"蜗牛式创业"的建议：创业初期，小碎步前进，可以有一个计划，但是内心一定要明白计划永远赶不上变化，要在初期管住钱袋子，管住自己的欲望，快速让自己进化，快速调整创业步伐和姿势，才能尽快适应市场，过了收支平衡点这一关，闯出自己的一片天地。

对于已经创业而且很顺利的朋友来说，"蜗牛式创业"的建议：首先祝贺你在创业路上取得的成就，然后温馨地提醒你注意从宏观和微观两个角度去思考自己的创业项目，想一想自己的创业项目是处于上升期还是下降期，有没有必要主动去做一些局部的调整，想一想公司的内部人员管理、资金管理、成本管理等各方面的问题，还有没有必要做一些提升。

对于已经创业但是目前亏损的朋友来说，"蜗牛式创业"的建议：没有哪个创业者会轻易言败，于是在能力范围内，都会拼尽全力地维护项目，这是可以理解的，但是一定要把握一个度！一个优秀的创业者必须是脑力劳动和体力劳动的最佳结合者，只懂得往前冲和尽力维护是体力劳动的范围，而反思、思考、平衡是脑力劳动的范围，创业的时候必须同时做好这两个方面。举一个例子，有的创业者对项目的维护几乎让他倾尽所有，包括资金、人脉资源和信用，在最终血本无归的情况下，他不但付不起房租，吃不上饭，甚至还无法向亲戚朋友求助，为什么呢？因为在创业项目维护阶段已经过度地透支了自己的关系，之前借的钱还没法归还，现在自然更是无钱可借。

我提倡的"蜗牛式创业"针对这个阶段的做法：希望每个创业者脑力劳动和体力劳动相结合地工作，绝对不能用战术的勤奋来掩盖对战略的思考。量力而行地维持创业项目，给自己一条底线，就是这个项目坚持到什么程度就放弃，这个程度可以用两方面的尺度来衡量。

一是资金尺度，就是给自己定一个资金使用线。当资金损耗到了一定程度，如果项目情况还没有好转，就马上放弃。即使有时候有点变数，需要一点资金弹性，那也要提前想好资金弹性是多少，弹性空间建议一般不要超过总预算的20%。

二是时间尺度，就是给自己一个收支平衡的时间点或者一个是否继续坚持下去的时间点。这个时间点建议以周为单位，特殊情况可以月为单位，到了这个时间点，如果情况还没有好转，就要坚决放弃这个创业项目。当然，创业情况复杂多变，也可以给自己一点弹性时间，但是建议是以周为单位，不建议以月为单位，因为每过一个月就会产生一个月的租金和人工费用，以周为单位是在关键时候给创业者自身最大的保护。

可能还是有一些创业者对我的这个建议不理解，认为太过简单粗暴，这其实是"快刀斩乱麻"。我很能理解创业者的感受，但是，尽管这个项目的前景很好，尽管看起来好像要成功了，可每坚持一天所必须承担的费用却不是每位创业者都能承担的！其实，一个创业项目失败了也不是什么大不了的事，所谓"拿得起，放得下""留得青山在，不怕没柴烧"！

如果创业者出于追求幸福的创业初心，后面还会有很多重新再来的机会。但有一部分创业失败者就是放不下面子、不服输，硬是将自己熬到山穷水尽，这就相当不明智了。创业项目千千万万，而创业者的身体只有一个，创业者的父母只有一对，创业者的家庭只有一个，这些都是不可复制的，就像一只蜗牛只有一个壳一样，蜗牛在拥有蜗牛壳的情况下能够爬到它力所能及的地方，但是当它失去蜗牛壳后，除了死亡，没有别的选择。

创业者要在创业的过程中把握好创业的节奏，坚持小碎步前进，时刻理性和客观地评估整个项目，任何时候都绝不能将某个项目当成唯一的选择。退一万步讲，即使这个创业项目失败了，但是已经积累的创业经验却是一笔无形的财富，以后有好的创业项目，再重新创业的成功概率肯定是大于初创者数倍的。

对于已经创业失败而且还有负债的朋友来说，"蜗牛式创业"的建议：首先，要面对现实；其次，要相信自己肯定可以走出困境，想一想"负债相对论"；最后，要积极主动应对，寻找适合自己的道路，继续前行，争取早日上岸。

创业负债者在重新创业的这个过程中，往往会在很多方面被自己的负债所制约，是典型的从负而起，而不是从零开始。我在工厂倒闭后也是经历了一段时间的迷茫，没有自信了，做什么事情也没有动力了，等到调整好自己，让自己有信心了，还要想办法让别人相信自己。如果自己都调整不过来，是没有人能够帮助自己的。

一个人在面临极大压力，随时要破产或者已经破产的时候，交不起银行贷款利息、无法按时结清供应商的货款、吃饭都要借钱、小孩子上兴趣班没有钱交、水费扣款失败、手机扣款失败、电费扣款失败、跟朋友借钱还不了、每天拆东墙补西墙……由此而产生的家庭矛盾、没完没了的解释和道歉、焦虑和压力产生的各种疾病……在这样的情况下，要调整自己的情绪，放松心情，凡事想开一点儿，有可能做到吗？确实很难很难！但不管怎样，记得这些朴素的老话：留得青山在，不怕没柴烧；天无绝人之路！当面对失败无能为力，想从失败中尽快振作起来时可以采取一些好的方法，有助于又快又好地恢复失去的能量。振作起来的六种方法归纳如下：

（1）回避。在找不到好的处理方法时，如果还一直待在那里也没有任何意义。在陷入自我否定的思考模式并自取灭亡之前，可以暂时回避，注意不是逃避，只是为了先调整自己的状态。

（2）转嫁责任。这个不是要创业者推卸责任。当创业者面对巨大压力的时候，如果不调节好，人是有可能会崩溃的，这个时候如果策略性地想一下"失败不是我的责任"，这将有助于给自己减压，而不是马上被压力压垮了。

（3）品尝美食。饿着肚子是没办法进行战斗的。为了身心充满活力，应该好好吃饭。

（4）睡觉。美美地睡上一大觉，以便恢复精神，让头脑更加清醒，这种方法尤为重要。

（5）散心。不要总是考虑不开心的事情，通过体育运动、购物等转换一下心情。

（6）发牢骚。把心中的牢骚说给别人听，倾诉心中的郁闷，会使人变得沉着冷静。把责任转嫁给他人实际上也只是发牢骚而已。

通过以上这些方法积攒能量，就能朝着新的目标积极采取行动。

参考

创业家＆i黑马. 创业小败局 [M]. 北京：北京时代华文书局，2014.

杨樱. 贝塔斯曼之死 [J]. 第一财经周刊，2008(6).

杨樱. 一场事先张扬的衰败 [J]. 第一财经周刊，2008(6).

张荣杰. 公司失败研究 [M]. 北京：中国致公出版社，2020.

祝惠春. 从"胶卷时代"进入"数字时代"：柯达缘何走向末路 [N]. 经济日报，2012-01-09.

俞瑶. 号称"要用互联网改变驾培行业"网红驾校"猪兼强"破产 [N]. 成都商报，2021-09-15.

刘炜祺，周春林，史小兵. 烧掉近60亿融资，还负债23亿！易果生鲜破产"重组"还有救吗？[EB/OL]. （2020-10-16）[2022-06-18]. https://baijiahao.baidu.com/s?id=1680715500930963180&wfr=spider&for=pc

屈丽丽. 致命的股权 [EB/OL]. （2021-03-13）[2022-06-18]. http://www.cb.com.

cn/index/show/bzyc/cv/cv13498141644.

卫华、蒲哲. 分贝网创始人建裸聊网站宣判，获刑6年罚金50万[EB/OL].（2010-06-01）[2022-06-18]. https://it.sohu.com/20100601/n272486861.shtml.

XCAR 汽车文化. 已然停产的辉腾真的让大众赔钱了吗？[EB/OL].（2016-03-23）[2022-06-18]. https://www.sohu.com/a/65095954_114798.

佘颖. 同程生活为何"猝死"[EB/OL].（2021-07-10）[2022-06-18]. http://www.ce.cn/xwzx/gnsz/gdxw/202107/10/t20210710_36706560.shtml.

荀诗林. "劣迹斑斑"庞青年：涉嫌诈骗、做政府生意……这次"加水就能跑"的车，你信吗？[EB/OL].（2019-05-25）[2022-06-18]. https://baijiahao.baidu.com/s?id=1634483423251173294&wfr=spider&for=pc.

张家振. 金华青年汽车破产清算 庞青年"水氢车闹剧"谢幕[EB/OL].（2021-02-27）[2022-06-18]. http://www.cb.com.cn/index/show/bzyc/cv/cv13496151645.

畑村洋太朗. 失败启示录[M]. 北京：人民邮电出版社，2019：22-23.

第四部分　对"蜗牛式创业"理念的深入理解

将蜗牛和创业两个概念结合在一起，源于我和朋友在探讨创业问题时的灵感突现，我感慨如果创业者能够像蜗牛一样，稳步前进，在保障自己衣食住行的情况下，将创业当成一种生活方式，虽然慢一点儿，但只要能实现自己的创业目标，又有什么关系呢？

我的朋友是一个赌博式创业的典型，用高杠杆去创业，曾经也是风光一时，但是却在创业失败后一败涂地，很难再有翻身机会。

我在跟他聊天儿的时候，将他形容成一只透支自己的蜗牛，讲了一个类比的故事。

有一天，蜗牛村举行爬行比赛，奖品是一个金壳，有两只蜗牛参加比赛，看谁能更快地爬到树顶。黑蜗牛按原来的速度向上爬，红蜗牛笑黑蜗牛速度太慢，黑蜗牛说："我一向是这样爬的呀，你的速度也跟我差不多，没有比我强多少，你有什么资格取笑我呢？"红蜗牛说："那是以前的事，现在我有新的方法，比你跑得更快。"黑蜗牛问："你有什么好方法呢？"红蜗牛说："我有一种神奇药水，只要将它涂在我的壳上，这样，涂的部分会融化掉，但是融化掉的壳却化成我飞行的能量，可以让我飞上一会儿，我只要多涂一些，很快就到了。"黑蜗牛说："那你的壳融化了，以后怎么办？"红蜗牛说："这个没有关系呀！如果我赢了，我将拥有一个金壳了，我还要这个壳做什么呢？"就这样，两只蜗牛开始比赛，刚开始红蜗牛因为有神奇的药水，一路领先，但是快到比赛终点的时候，红蜗牛因为身上的壳已经融光了，再也没有办法飞了，只能爬了！但是由于红蜗牛失去了壳的保护，根本无法在粗糙的树皮上爬行，另外，红蜗牛也根本不能掌握无壳后的爬行技巧，所以它根本没有办法再往前爬了，只能眼睁睁地看着黑蜗牛超过它，夺到金壳！而红蜗牛因为没有壳的保护，生命也马上走到尽头了！

故事中，红蜗牛因为自己的急功近利，为了那个梦想中的金壳，过度透支自己，赌输了，也失去了所有！

大家应该能够明白，这个蜗牛的故事其实跟我们的创业过程有着类似的逻辑，蜗牛就好比创业者，蜗牛壳则好比支撑创业者生存的条件：家庭、身体健康、个人信用、关系资源、自我提升条件等，努力爬行争取得到金壳的过程，则像创业者实现创业的过程。如何利用好自身条件，实现创业利益的最大化，是每个创业者的追求。神奇药水好比为了尽快达到创业目标而采取的必要手段、技巧或捷径。如何平衡目标、自身能力和社会环境条件这三个方面，则像是创业的过程了。

创业者之所以成为创业者，就是拥有一个积极进取的特性。这个特性让创业者能够不得过且过，不苟且偷生，而是要去证明自己，实现自己的理想和抱负。在这群创业者里面，有一些创业者由于性格或者其他方面的压力影响，比较急于求成，总想一口吃成一个胖子！

我的建议是创业者不要过分透支自己。其实每个人都是一个鱼塘，如果正常捕捞的话，是可以慢慢发掘的，每天都能吃到新鲜的鱼，但是如果过度捕捞，就会得不偿失。

我经过了两三年时间的思考和实践，发现"蜗牛式创业"非常适合创业者达到长期健康平稳的发展。蜗牛虽然爬得不快，却是地球上古老的物种之一，而创业是指创业者对自己拥有的资源或通过努力对能够拥有的资源进行优化整合，从而创造出更大经济或社会价值的过程，因此"蜗牛式创业"是一个融合的概念，而创业的整个过程也是如此，在创业中，我们要实现长期利益和短期利益的平衡，要在保守经营和积极进取中取得平衡，要实现企业能力和公司目标的平衡，要实现创业者利润和员工收入的平衡，要在可为和不可为之间达到平衡，等等。

"蜗牛式创业"的发展速度看起来好像慢一点，但面对变幻莫测、高风险、高淘汰率的创业环境时，创业者即使受到挫折、处于事业低谷，甚至放弃在做的项目，最多也是伤到皮肉，不会伤筋动骨。后面如果有机会，依然可以东山再起。另外，"蜗牛式创业"其实也是给了创业者一个更高纬度去看待创业这件事情。创业是一个连续性的长期过程，当下正在进行的创业项目成功与否，并不能代表以后的创业项目成功与否，但是有很多创业者习惯将当下的创业项目当成生命的全部,这是一种短视的错误认识。在这种错误认识的指导下,创业者容易走极端,容易为了当下的项目去牺牲长期的发展机会,容易为了当下的项目去牺牲身体健康,容易在当下的项目失败后走极端的绝路。我将从以下的一些要点给大家分析"蜗牛式创业",希望对大家有所帮助。

一、"蜗牛式创业"的内涵

就是指创业者在明白创业是一个长期过程而非短期行为的认知下,在确保自己的生活有保障的情况下和有能力再来一次的条件下去创业。在整个创业过程中,始终明白创业成功率不高的客观事实,坚持可持续发展的思路。在创业过程中,坚持以上的底线原则就像是蜗牛的壳一样保护创业者,这就是蜗牛式创业的内涵。

二、"蜗牛式创业"有助于实现创业的目标

回想我最初创业时,也是一脑子糨糊,这才出现了战略性错误。我最初的创业目的似乎是想满足一个做老板的感觉,实现财务自由,另外可以不受约束。这个真实但放不上台面的创业目的大概也是很多创业者共有的吧。

对于这么一个虚荣心和赚钱综合在一起的创业目的,我走弯路是必然的。首先,虚荣心是永远也满足不了的。比如刚开始创业的时候是骑摩托车,我换成了小汽车,小汽车可以满足需要了吧?但其实我心里想的是能不能换成一辆高档的越野车,当满足不了的时候,我的受挫感就会加强,幸福感降低,有一种"身在福中不知福"的意味。第二,钱是永远也赚不完的。如果问这个世界上最大的陷阱是什么,我认为一定是"贪心"!当赚到十万元的时候,你会想赚到一百万元,当赚到一百万元的时候,你可能就会想五百万元了,这样不断加码的赚钱目标,其实就是将自己变成一个赚钱机器,变成一个以赚钱为驱动程序的有外壳无灵魂的机器人。

那赚钱是为了什么呢?不知道!评估一下自己的能力可以赚到多少钱?也不知道!为了赚钱而赚钱,甚至将自己的身体熬成病体也毫不在意,还美其名曰"为了事业而做出的必要牺牲",将自己的家庭全部抛到脑后,还美其名曰"好男儿志在四方"。

"蜗牛式创业"提倡创业者摆正心态,将创业当成一种生活方式,而不

是一个迫不及待要完成的目标！那么，心里就不会那么焦虑，碰到问题就能让自己去客观对待，而不会在情感上认为自己创业失败就意味着失去了一切、人生失败，这样就很容易走向极端。

每位创业者的创业目标都不同，但绝不能是功利心太强地要赚到多少钱，希望每位创业者都要明白！创业的最好状态是创业者找到了一个市场的痛点，希望解决这个痛点，而解决问题的本身又是创业者特别喜欢和乐意的，甚至是享受的！

"蜗牛式创业"倡导的创业目标是"幸福的生活"，所以在创业中就不能单纯性的追求赚钱，而是要注意有一个平衡的过程。赚钱养家、制订理财计划、缴纳保险、教育子女、孝敬父母等，这些都要有所考虑。

同时需要说明的是，如果将"蜗牛式创业"认为是缩手缩脚，干活慢吞吞，则是对"蜗牛式创业"的误读！"蜗牛式创业"是一种创业思维，希望创业不忘初心。

三、"蜗牛式创业"的适用范围

其实对于"蜗牛式创业"这个理念，我不认为所有人都认同它，而且，创业也没有一个方式方法可以适合所有创业者！对于那些多次创业失败也可以轻松再来的朋友，对于某些做金融的朋友，"蜗牛式创业"就不适合。还有哪些不适合"蜗牛式创业"的，我目前想不到，欢迎各位书友跟我联系，我们一起探讨。

四、"蜗牛式创业"提倡"不负债"的保守创业

为什么"蜗牛式创业"这么重要呢？因为在人的一生中，有些错误是不能犯的。比如，对于我的孩子有时候多吃了几粒糖果、几块饼干，甚至是几次作业没有写，或者是几次成绩不好，我认为这都不是大问题，因为吃胖了，锻炼一下还能减肥，考得不好，再认真补一补也能赶上来。但是对于孩子在车来车往的公路上踢球，偷偷跑到河里游泳等，就是绝对禁止的——这些危险的举动造成的后果是不可挽回的，关系到生命的存续。

作为一个成年人，其实我们是很明白和理解这些的！再比如，闯红灯这件事情，可能是快那么几分钟，付出的有可能是自己的一生，但是为什么还是

有人要闯呢？这是因为人的一个侥幸心理作怪，总是以自我为中心，总是认为自己异于常人，坏事不会降临在自己的身上。

言归正传，我们回到创业这件事情上，其实，创业的失败率比闯红灯出事故的概率大多了。如果用加杠杆的形式来创业，用超过自己能力的方式来创业，那更是一个高风险的行为。这一点，我们必须明白，虽然自古以来，商人借钱做生意是再正常不过的事情，商业借款在当今社会已经成了普遍行为，但创业者必须知道一个事实：如果用自有资金创业，那么生意失败了，最大的后果就是到"零"，但如果是借钱做生意，生意失败了，就会变成一名"负债者"，以后想再次创业，是从负开始，难度重重。很多创业失败的负债者，只这么一次，就起不来了。

"蜗牛式创业"希望创业者不要将"创业"这种本来可以重新再来的事情，变成一个单次事情；希望创业者在一个"底线外壳"的保护下，可以确保自身压力不会太大，在创业过程中拥有进退自如的自信和底气，即使真的在创业中碰到不可预测的风险，因为在创业前已经给自己做好了一个"底线外壳"，也可以确保自己有机会东山再起，而不至于山穷水尽。

五、"蜗牛式创业"提倡量力而行的消费观

据《民主与法制时报》的报道：当前越来越多的年轻人正沦为"月欠族"，靠借贷进行提前消费，看似潇洒的生活背后早已债台高筑。央行2019年11月发布的《2019年第三季度支付体系运行总体情况》显示：信用卡逾期半年未偿信贷总额919.16亿元。根据金融搜索平台融360发布的消费调查数据，"90后"在借贷市场中的占比将近50%。而在另一项针对白领的调查中，21.89%的受访者处于负债状态。与高负债相对应的是年轻人的过度消费现象。数据显示，53%的大学生选择贷款是由于购物需要，主要购买化妆品、衣服、电子产品等，多属于能力范围之外的超前消费。海尔消费金融发布的《2018消费金融报告》则更明确地指出，"90后"的消费主要围绕自身需求，"对自己更好一些"，注重生活品质提升，更多选择超前消费。

这就意味着现在的年轻人，其实在刚毕业的时候，在找工作或者是创业的时候，就已经不是轻装上阵了，而是带着沉重的负担，除了工作压力外，还有巨大的金钱压力。举个很常见的例子，某白领最近为信用卡还款期快到

了的事情苦恼：给女朋友买了生日礼物，用的信用卡；生日宴请了很多朋友，用的信用卡；在某宝购物也用了信用卡，现在还有三天就到信用卡还款日了，看了一眼上个月的恐怖账单，再看一下自己的存款余额，不由得泪流满面。现在，使用信用卡、花呗、微粒贷等这些透支消费方式，已经变成很多年轻人日常消费的首选，这确实满足了人及时享乐的心理，小到买化妆品、衣服，大到买家用电器、汽车等，很多人都热衷于这种"先消费，后付款"的服务。在这种提前消费平台的作用下，一些本来消费不起的物品，一下子变得唾手可得。于是很多人就在不知不觉间，将透支消费变成了一种常态。

林清玄说过，真正的生活品质，是回到自我，清楚衡量自己的能力与条件，在这有限的条件下追求最好的事物与生活。

量力而行的消费本来就应该成为一个人的习惯，要不一个人就会因为太追求物质，而无法活出自我的样子了。本来创业就困难重重，一个创业者如果在创业之初，已经有了这些因消费而带来的债务，如何能更好地创业呢？这就是相当于一个生病的人去赛跑一样，有没有机会赢呢？有，但是赢的概率变小了，比他在健康的时候去赛跑赢的机会少很多。用蜗牛做比喻，创业者在创业之初就有负债，这就好比蜗牛的壳破碎了，根据不同的负债对应蜗牛壳碎得有多严重，如果蜗牛壳破损伤及外套膜，则破损部位不能自行修复，只会长成带疤痕的结缔组织，蜗牛也有可能继续存活。创业者的负债过于严重，就好比蜗牛壳破损伤及内部组织，外界微生物就能直接侵入蜗牛体内，由于蜗牛代谢速度慢，难以在较短时间内修复伤口处，微生物的持续入侵，将给蜗牛造成严重影响，那么蜗牛存活的可能性就比较小。这个比喻不知道恰当不恰当，只是说明一下，不量力而行的消费实在是太不应该了。

六、"蜗牛式创业"符合创业的节奏

创业者都是比较上进的人，我创业多年，见到的多数创业者都是急性子，其实急性子没有什么不好的，但是如果创业者急于求成那就不好了。因为急于求成肯定会让创业者产生更多的错误判断，导致产生更多的过失，这个时候，创业者除了要为自己的过失买单外，还要处理好自己的心理问题，让自己从失败的阴影中走出来。这个也是需要时间的，有的人心理素质强，很快就能走出来，重新开始。有的人心理素质弱，就要调整很长时间，极端一点的情况，就是一辈子也走不出这个阴影。

所以，蜗牛式创业的理念，并不是让创业者在创业的时候拖拖拉拉或者懒懒散散，或者是发现好的机会不能及时把握，而是强调创业者在创业的过程中，注意心态的调整，不要急于求成，要在遵循一定的原则下去推进事情的进展，而不是只求速度不求质量。把握创业的节奏很重要，对于初创者来说，创业的节奏很难把握好，我这里有一个方法，就是销售量要提上去，成本控制住，质量服务把控好。销售量要提上去是指销售量是创业成功的重要问题，如果销售没有做好，公司根本没有活路，但是提高销售量不能靠增加成本的方式来完成，而是在确保成本不增加或微增加的情况下，销售量增加。而为了公司的长久发展，质量和服务就要把控好了，否则，客户总在流失，公司也是发展不起来的。

现在大家应该明白我为什么要取"蜗牛式创业"这个名称，为什么不是"猴子式创业"或者其他的创业方式，因为我觉得蜗牛的整个生命过程就是有一个蜗牛壳的存在，蜗牛壳内有蜗牛的脏器，而壳则对它们起到支撑和保护的作用，失去壳的蜗牛，不管外界条件多么好，也不会活得长久，不久就会死亡。我认为我们人类要追求幸福生活的创业，更类似于蜗牛。作为创业者必须首先满足衣食住行这样最基本的条件，就像蜗牛壳对于蜗牛是否能生存下去一样的基本条件，这样子我们的心才能定下来，才不会太过急躁和冒进，才不会赌博式创业，才有机会创业成功。

七、"蜗牛式创业"的"止损"元素

自古商场如战场！蜗牛式创业可以避免创业者因为没有及时止损而经历可怕的"崩溃率"考验。

巨鹿之战，项羽用五万楚军与秦名将章邯、王离所率的四十万秦军主力在巨鹿进行了一场惨烈的战役，项羽破釜沉舟，连战连胜，最终以章邯请降、王离被俘而告捷。可能会有人不理解，秦军前面只是损失了部分兵力，而剩下的兵力依然是项羽兵力的数倍，为何秦军会投降？为何不再拼一把？

淝水之战，前秦的八十余万兵力对阵东晋的八万兵力，战前，前秦实力可以"投鞭断流"，战中却害怕到以为东晋"草木皆兵"，而结果，前秦的大军竟然被杀得只剩十余万人。可能会有人奇怪，前秦的苻坚不至于连整顿阵型，稳住再战都不会吧？

以上这些事例只能用"崩溃率"才能解释得了。

战争中，士兵看到身边的战友一个个倒下时，恐惧就会笼罩士兵，这种恐惧将导致整支军队完全崩溃。因此，历来任何名将，都想尽可能地提高军队的"崩溃率"。在古代战争中，这个数字大概是在5%到10%之间，到了近代的战争，这个数字也没能升高多少。美军对于尉官的要求是如果伤亡率达到15%到20%，那么指挥官可以考虑投降，当伤亡率达到20%时，那么参谋部同意认定整个军团的士气都已经彻底崩溃，这时候，尉官如果主动投降，就会被认定是拯救部下的不得已的举动。

从古至今，有很多研究兵书的人，都想避开"崩溃"这个可怕的陷阱！最典型的，可以算是日本的武田信玄。他的用兵理念，被称为"风林火山"，意思是疾如风，徐如林，侵掠如火，不动如山。他的用兵之道，就是"永远不要让自己的军队崩溃"。比如，武田信玄带着被分成了风、林、火、山各部的军队上战场，而投入战斗的，只是风、林、火各部，他们会全力杀敌，每当信心不足时，就回头望向'山'，只要看到"山"在那里，他们就会明白，"主力"就在那里，于是，作战的士兵心里就有底了：我们还有那么多人在准备呢，我们肯定能打赢你。武田信玄兵法的精妙之处，其实在于最后一句"不动如山"，山是不动的，而且永远也不能动。

武田信玄去世后，他的儿子接替他统率了这支军队，他的儿子用兵理念和武田信玄完全不同！就在"长筱之战"中，武田家的士兵倾巢而出，但一次战斗就损失了所有骑兵，从此再难现往日雄风。通过这个案例，大家应该能明白止损的重要性了。

"蜗牛式创业"中，蜗牛壳就好比是创业者的一条底线，确保创业不会进入"崩溃"的陷阱，如果创业者因为创业而越过了这条底线，其实就已经失败了，这个时候就像是一位将军用尽了自己的兵力去战斗一样，将会经历可怕的"崩溃率"，也在实际上将自己可以重新再来的机会堵死。

"蜗牛式创业"就是让创业者在创业中注意"止损"的一个重要方式，自古商场如战场，举这么一个战场血腥的例子来比对商战，是完全匹配的！商场其实是一个灯红酒绿的外壳下的一个血腥之地，在外人看来，出入繁华之地，举杯欢庆，对酒当歌！而身处其中的人就会明白，这个商场里面的每一个陷阱都长着馅饼的模样，所谓的弯路并不是一条没有灯光，伸手不见五指的黑路，而是一条充满鲜花和掌声的路，只不过在路的尽头是万丈深渊，而当你想回头的时候，却发现来路消失了，已经回不去了。

八、"蜗牛式创业"中的"慢即是快"和"低成本" 元素

创业者在不同时期都要选择符合不同时期的创业方式，所谓"时势造英雄"就是这个道理。现在是全球经济衰退期，很多中小企业面临生存模式转型的问题。作为初创者而言，选择的行业多数是有竞争对手的存在，如果连市场情况都不了解就想快步前进，这无异于自取灭亡。正确的做法应该是"见缝插针式"地先找到这个行业的存在感，然后再由点到线、由线到面慢慢铺开。

理解"蜗牛式创业"中隐含的"低成本"元素，对一个没有雄厚资金、没有特殊背景的创业者来说是最重要的一点！因为是"低成本创业"，所以创业者可以熬更长时间，可以在前期的阶段，战略方向不明确的情况下，做一些有效的调整，前期调整好了，后期就能跑得很快，前期的慢也是后期快的基础，所以说"慢即是快"。创业者还要正确地理解"低成本"，所谓的"低成本"并不是简单的指资金和人员的投入少等这些显性的因素，还包含人情关系成本、压力、机会成本等。

创业者应该在创业开始就做好一个规划，一定要给自己的正常生活做好一个基础，切忌卖房子创业，或者跟亲朋好友借钱去创业，这样会在一开始就让自己压力过大，没有办法进行合理的创业方向或者创业方式的调整，这是为什么呢？因为心急做不好事情。况且"卖房子"和"借钱"这些行为就是一笔巨大的成本，是物质和精神的双重压力。在这个压力下，真的不利于创业的顺利进行。

"樊登读书会"的创始人樊登在一本书中讲到，他在刚开始筹办"樊登读书会"的时候，给第一批客户的并不是音频产品，而是PPT的文字形式，他发现客户即使花钱买了这个产品，也没有认真去读，这个时候他就发现方向不对，这个产品如果不能让客户真正的喜欢它，肯定不利于后期大量的推广，于是就调整成音频的形式，果然，调整成音频形式后，适应了用户可以利用碎片化时间学习的使用习惯，于是新注册用户的数量猛增，这就说明调整到位了。创业的过程肯定伴随一个调整的过程，如果刚开始像押宝式的将全部资金集中在一个产品上，想一步成功，这个想法会太过冒险，成功的概率不高。一些条件好

的创业者，在一开始就拿到了风投，这样其实并不是一个好事情，因为每个创业者都有一个创业的理念，或者有长期的规划，但是在还未成熟时就太早和资本结合，在资本的利益导向下，创业者会受到过多的制约，失去了自己的长期规划，还有可能会在自己尚未成熟的创业模式上放置一个加速器，可能放大了自己的错误，加大了调整的成本，这就会增加自己创业失败的概率。樊登讲如果"樊登读书会"刚开始就引进资本投资，那肯定会用资本的钱去大量推广读书PPT，但是读书PPT其实又是一个不适应市场的产品，那后果可想而知。

从反面说明这个问题的是赌博式创业，就是不做好市场调查，只凭感觉去做，认为什么产品好，就将自己所有资金做一次性的投入，这样做的结果是，刚开始好像跑得挺快，但是后面只要有一些调整，不论是战略调整，还是战术调整，都会让创业者受不了。我本人办厂就是一个"押宝式创业"的例子，我在刚开工厂的时候，花了大量的资金去购买液压机和模具，做出了一个"三条槽"办公灯，由于市场反应不好，我后面想改成"平板灯"，因为产品样式调整所需要的资金太多了，超过我当时的资金能力，想要调整款式都没有资金了，所以后面的一系列失败也成了必然。

总结一下，在创业初期，拥有好的资源可能会让创业者的错误成本变大，因为这样会让资源在刚开始过度使用，导致后期无法调整。我自己的体会是由于创业前的想法和后面实际创业碰到的情况存在很大差距，所以在创业的过程中，对于最初的创业规划肯定是要做调整的，这是一个客观的事实。没有一个创业者能够预知未来，并且能够做出详尽的安排。因此，创业者可以在尽量小投入的情况下，先按照自己的规划做一段时间，然后再做适当调整，俗话说，船小好掉头，这是一个最理性和最符合规律的做法。也许这个时候，感性一些的创业者会发出"不忘初心，方得始终"之类的感慨，我认为这是名言用错地方了，创业路上，艰辛万分，能够生存下来是最重要的事情，生存下来，才有后面的发言权，如果为了一个创业前的不符合客观规律的计划而让自己陷入困境当中，我认为是相当不理智的行为。

九、"蜗牛式创业"倡导"工匠精神"

《人民日报》刊登过一篇文章：《工匠精神离不开专注和坚持》。我理解的工匠精神，第一是创业者热爱自己所做的项目胜过这个项目带来的钱；第二就是创业者要精益求精和精雕细琢。所谓的"精益管理"其实就是"精"和"益"这两个字。

工匠精神就是一种认真精神和敬业精神。其核心是不能只把工作当作赚钱的工具，而是要树立起对职业敬畏、对工作执着、对产品负责的态度，要极度注重细节，以及不断追求完美和极致，给客户无可挑剔的体验。将精益求精和一丝不苟的工匠精神融入工作中，就能做出打动人心的好产品。与此相反的，则是"将就精神"，满足于得过且过，差不多就行了。科比·布莱恩特的杰出篮球生涯来自天赋和底蕴，同时也是他如同工匠般雕刻自己篮球技艺的结果，别的不说，光是"每天凌晨4点钟能看到城市的模样"就打败了大多数人。创业者多数是年轻人，我们能够在选定的项目中用"工匠精神"去对待，其实是对自己最负责任的做法，这肯定是创业项目成功的"定海神针"。退一万步讲，即使创业失败了，但我们在创业的过程中，由于专注和坚持而磨出来的一身真功夫，到哪里都是一块金子。

反之，如果我们在创业的过程中不够专注和坚持，不能按照事物的发展规律去做，只是一味地贪多求快，没有学会走路的时候，就想学飞行，事业还没有发展起来就想什么多元化发展，这都是会让自己走上弯路的前奏。我为什么拿蜗牛作为一个创业的方式，因为蜗牛看起来爬得很慢，但它就是朝一个方向不停地努力爬下去，终会到达目的地。

正像歌曲《蜗牛与黄鹂鸟》中唱的：蜗牛背着那重重的壳呀，一步一步地往上爬……葡萄成熟还早得很哪，现在上来干什么？阿黄阿黄鹂鸟不要笑，等我爬上它就成熟了。

为什么拿蜗牛命名一个创业方式，这是因为蜗牛由于它的自身特点，是没有办法做到几个方向同时出击的，这个看起来是弱点，反而成就了蜗牛专注到达一个目的地的优点。我们很多创业者不喜欢蜗牛的专注，鄙视蜗牛的慢。还有很多创业者"精"得像个猴子，却是一点苦功夫都不肯下，想在创业过程中走最短的路，占尽所有的便宜。但是什么事情都是有其客观规律存在，这个世界从来就不存在完美的路径和事物。希望创业者能在创业过程中专注，坚持"工匠精神"。

十、"蜗牛式创业"有减少压力的作用

"蜗牛式创业"是指创业者在明白创业是一个长期过程而非短期行为的认知下，在确保自己的生活有保障的情况下和有能力再来一次的条件下去创业。既然创业是一个长期过程，那就不需要赌博式的成长。创业过程有自己的节奏，有自己的目标和使命，每天都在向自己的目标靠近，而且因为是在自己的能力范围内去做事情，自然就不会有太大的压力，在一个适度压力的环境下创业，对于创业者而言，是最适合成长的。

反之，如果是"赌博式的创业"，创业者将所有的资金、人力、物力押在某个项目上，巨大的压力会让创业者焦虑。所谓压力产生动力只是相对而言的，过大的压力会让人无所适从，不知道做什么，反而没有效率可言。比如，我自己在面临巨大债务压力的时候，真的是什么事都没有动力去做，或者说刚有一点动力去做的时候，一个催款的电话过来，又要想着在电话里怎样去应对他，还要想着后面如何还掉这个欠款，这个事情一展开想，就没有心情再做其他事情了。

所以我提倡蜗牛式创业，其中一个重要的好处也是在于让创业者保持适度的压力，有助于创业项目的顺利进行。

十一、"蜗牛式创业"可以让创业者更硬气，敢于说"不"

作为一个创业者，即使我们创业成功了，其实只是让自己有了更多的选择权而已。这个选择权还真不是随心所欲地想干什么就干什么，而是可以在不想干的时候果断地说"不"！大家千万不要小看这一个"不"字，这是一个让人有尊严的字。

"蜗牛式创业"的意义在于给创业者一个底线原则，不要无底线地创业，不要为了创业而创业，不要为了掩盖阶段性失败，欠下太多借款和人情债，而失去长期性的创业机会。慎欠"人情债"，坚持做一个有尊严的创业者，做一个敢于说"不"的创业者。

十二、"蜗牛式创业"的创业形式问题

"蜗牛式创业"并不是单纯指辞职创业,很多创业者对于创业的理解太狭隘了,他们认为只有离开现在正在工作的某个单位,自己租一个场地,领一个营业执照,才算是真正创业了。其实创业形式是多种多样的,比如:1. 某个创业者在某个公司做一个项目,这个项目的内容和方向符合创业者未来的发展方向,这个时候,创业者其实就是在创业,不是在打工,可以这么理解,他是有一份工资的创业者,他在自我创业,而且这个形式的创业对自己几乎没有风险,是一个零风险的创业模式,这个模式保证了这个创业者的日常开支,而且提升了他的能力,开阔了他的人生视野,缩短了他从理想到现实之间的距离;2. 某个创业者利用自己的专业技术能力,在不跟公司的工作和利益冲突的前提下,利用自己空闲时间,通过一些兼职平台或者其他方式接一些项目做,既可以在工作中磨练自己,也能赚到钱,如果这个方式有利于自身未来事业的发展,自然也是一种创业方式;3. 网约车司机也是创业者,各个网约订单就是网约车司机的客户,他们会根据各个平台的订单量、平台抽佣、平台补贴、实际收入等各方面自由选择,从而提高自己的收入;4. 自媒体人员的创业。

我碰到过一些创业者,其实是为了享受做老板的感觉而创业,往往这一类的创业者绝对不会选择"蜗牛式创业",他们喜欢"猎豹式创业""鲨鱼式创业",甚至是"大象式创业",初创阶段就将公司搞得好像效益特别好的大公司一样,搞特别豪华的办公室,请很多行政或者管理人员,但是对于在市场一线能够给企业带来利润的员工,却是投入不足。就像是小汽车用飞机发动机一般,一家刚成立的小公司里,执行的是大公司的流程和等级设计,过早地得了"大公司病",从而失去了小企业灵活多变的长处。虽然有些创业者很享受做老板的感觉,但是公司的效益不好,企业又怎么会长久生存呢?创业者一定要找到自己的利润点和控制好自己的收支平衡,这样才能生存下去,至于创业形式,其实并不太重要,当创业者发展到一定程度,发现目前的创业方式已经限制自己的业务发展了,这个时候再改进创业方式,就是水到渠成的事了,创业成功的把握性就比较大了!所以,"蜗牛式创业"是保护创业者的好方式,希望创业者不要太纠结创业的形式问题,重点是让自身拥有进可攻、

退可守的从容和留得青山在，不怕没柴烧的底气。

十三、"穷忙族"和"蜗牛式创业"的本质区别

"穷忙族"是对没有长远的发展目标和长期规划，只是一天到晚忙忙碌碌，但是最后赚到的钱，也只够自己生活，没有积蓄或者很少积蓄，如果不干就会生存不下去的这一类人群的统称。有一些"穷忙族"是客观原因造成的迫不得已，而更多的"穷忙族"则是自身的主观原因，习惯用战术的勤劳掩盖战略的懒惰，整天忙到无法思考。我认为，"穷忙族"想要跳出来，一定要有强大的意志力，排除万难，才有可能实现。

"蜗牛式创业"强调创业者首先要有上进心，其次是能找到有前景的创业方向，最后在创业的过程中，要注意心态的调整，不要急于求成，要在遵循一定的原则下去推进事情的进展，而不是只求速度不求质量。创业者一步一个脚印，稳打稳扎，稳定地向前进，虽然速度会慢一点，但是不会因为一些不成熟的冒进策略而导致整体的创业失败。最好的创业就是稳中求升，而不是大起大落。

十四、"英雄主义创业"和"蜗牛式创业"的对比

马云在一场演讲中谈到企业家和职业经理人的主要差别：二者都是上山去打野猪，职业经理人如果开了一枪，野猪没被打死，冲上来，他会把枪一扔就跑了；企业家要是面对野猪没被打死冲上来的情况，就会将身上的柴刀拿出来冲上去，所以企业家是无所畏惧的。

我认为马云讲的这个是"英雄主义创业"的创业方式，如果将上山打野猪当成一次创业的过程，我认为上山打野猪的例子里面有两个问题：第一是条件匹配，上山打野猪，这个是不是符合每个企业家的能力。第二是利弊分析，企业家即使打下野猪，但是因为在打野猪的过程中，弄得全身是伤——假如一只野猪的价值是五千元，但是企业家的医疗费用是一万元——这个是否值得。从这个角度去分析，最后还是回到创业的初心上来，创业是为了什么呢？

创业一定要用这种企业家精神吗？我个人认为像这种拔刀见血，死战到底的精神固然令人钦佩，但我不认为企业家就非得把自己逼到这种境地不可。创业毕竟是一个长期的过程，并不是一个短期的英雄主义行为，像这种为了某

个项目要血战到底的心态在某种程度上是一种赌博，如果赢了就活下来，如果输了就永无翻身之地。在创业实际操作的过程中，我发现创业者往往很难把握自身能力和创业项目的匹配性，创业者必须在创业中不断找到自己的感觉，这个过程需要创业者懂得进退。虽然说一个创业者一碰到困难就退缩是不可能创业成功的，但如果一个创业者碰到困难永不退缩，也不去管这个困难是不是自己一定可以克服的，那么这个创业者也很容易失败。比如，前段时间的"社区团购"项目，如果一个普通创业者在面对诸如阿里巴巴、拼多多、美团、滴滴这些大平台以亏本补贴为竞争方式的大项目，想用自身有限的资金去和这些大平台竞争，这个创业者该如何坚持下去呢？让他去银行、朋友圈、家族圈融资竞争吗？他能拿到多少钱去跟这些大资本对抗竞争呢？唯有丢掉幻想、退出竞争才是这个创业者最优的选择！

反思一下，我在刚创业的时候也一直坚持这种"死战到底的企业家精神"去做事。2005年的某一单生意，我在竞争对手和客户签了合同、收了订金的情况下，想尽办法将这单生意抢过来！就是这样的敢冲敢撞让我有了事业前期的突飞猛进，但是成也萧何，败也萧何。这种"死战到底的企业家精神"有一个好处：就是你在找对创业方向的时候发展速度快。但也有三个坏处。1.这种死战到底的精神融入创业者行动中，会让创业者有了只要敢拼就会最终取得胜利的心态，这种状态即使前期取得一定成就，也有可能导致他盲目自大。2.这个心态让创业者能进不能退，但是创业者只有懂得进退才能长久发展。3.创业是一个长期的过程，活下去才是最重要的，如果坚持英雄主义式的短期创业，太过在乎一时一地的得失，那么，就有可能变成项羽，而不是刘邦了。

我倡导的"蜗牛式创业"的思维是在创业的时候将规则定好，像蜗牛有一个壳一样，创业者也要给自己一个不能碰的底线思维，这个底线是创业者的健康、家庭、基本的生活支出等，如果一个创业者连这些都没有的话，谈何创业呢？

十五、"蜗牛式创业"的本质和意义

在创业的过程中，包括我在内的很多创业者，总是将发展放在首要的位置，固然，一个企业不发展，肯定会失去了它的生存机会，但是如果在生存的这个过程中，不能够有效把握好发展的节奏，肯定也会让企业失去生存的机会。"蜗

牛式创业"就是希望创业者能够坚持"适度"的原则,在企业的发展过程中,把握好企业发展的分寸和尺度,比如对企业发展的快或慢、大或小、多或少等的判断和选择,既不能无视发展机会的流失,也不能无视企业自身实力,贪多求快地发展。这其中所体现的就是战略决策的取舍原则。但在现实经营中,难题在于环境复杂,情况多变,很难预料。达尔文认为,能够生存下来的,既不是最强壮的,也不是最聪明的,而是最能够适应变化的物种。适者,考虑的不是局部、短期的最优,不是效率、速度的最佳,而需要系统有一定的功能冗余,要有干粮储备,以备不时之需。"蜗牛式创业"就是基于创业者必须适应环境生存下去而提出的一种创业方式,希望创业者能基于经验或实践的结果,通过亲身践行,达成持久或相对持久的适应性行为变化。

有人请教"现代管理学之父"德鲁克,企业家的责任究竟是使企业保持赢利,还是获取利润的最大化呢?德鲁克的回答是:企业的首要责任是活着。我非常认同这句话!我认为:不管什么行业、多大规模的企业,只有活着,才有资格谈其他。我提出的"蜗牛式创业"就是指创业者在明白创业是一个长期过程而非短期行为的认知下,在确保自己的生活有保障的情况下和有能力再来一次的条件下去创业。在整个创业过程中,始终明白创业的成功率不高是客观事实,但依然要坚持可持续发展的思路,实现梦想和追求幸福。其实,"蜗牛式创业"也是将"活着"当作战略初心的一种创业方式,希望解决创业者的"三活"(活得了、活得好、活得久)问题。所谓"三活"问题,对于企业来说,做到活得了,必须有盈利,并带来净现金流;讲究活得好,通常需要有发展空间;追求活得久,希望经营经久不衰、可持续。

创业者如何理解"活着",从正命题的角度看,可以问:企业怎么才能活?也就是做啥必活,或更易活?缺啥必定不能活,或很难活?从反命题的角度看,就是"死亡",可以问:企业怎么才会死?也就是做啥必死,或更易死?缺啥必不死,或不易死?从而弄清"怎么才不死"!从"活着"的这个企业目标推导出企业的战略影响要素,以及自然推导出两个方面的行动对策:第一,抓关键,找到馅饼,助企业活着,即有所作为,做加法;第二,守底线,规避陷阱,防企业死亡,即有所不为,做减法。简单来说,创业者就是抓住关键求突破,守住底线防失控。这只有通过不懈的修炼与有恒的践行,最终形成能够考虑长期整体的理性直觉,才可驯化急功近利的生物本能。如何做到"活着"或者说"不死"呢？《孙子兵法》有"先为不可胜，以待敌之可胜"的说法，《道德经》中有"胜人者有力，自胜者强"，这意味着在竞争环境中，创业者无须打击对手，只需做好自身工作，不断坚持活下去，自然能够获得胜出的结果。

那创业者如何做好自身工作呢？我认为可从"忘我利他"行动入手，营造良性循环的经营生态，以实现企业的持续盈利发展。乍一听，"忘我利他"行动，似乎太过高大上，但事实上这是必需的。从做事的角度看，忘我于事业的人，可能更有激情专注投入，从而产生创意，能将事情、产品或服务等做到极致；也可理解成对产品的工匠精神和坚持"顾客主义"；从为人的角度看，利他行动更能创造价值，更有可能取得先利人、后自利的成效，从而推动人际良性互动，营造出互惠互利的经营生态。而这正是"蜗牛式创业"所提倡坚持的。

参考

陈和秋. 年轻人过度消费现象观察 [N]. 民主与法制时报，2019-12-19.

项保华. 活着：企业战略决策精髓 [M]. 北京：企业管理出版社，2016.

第五部分　创业中的收获

一、创业的反思篇

1. 先定战略，后定战术，战略错了，就是瞎忙

史玉柱在深圳大学的演讲中提到，大多数企业走入困境其实是战略问题，很少是因为管理不善或操作问题而导致的。但其实大多数的企业家，都在研究如何进行有效的企业管理，而对于更加重要的企业方向问题，则是处于模糊的忽视状态。我们总是将太多的时间用在战术上，太少的时间用在战略上，有很多的创业者，包括我本人在内，都是在试图把战术上的勤奋用来掩盖战略上的懒惰。这是不对的，因为如果方向错了，做得再好也只会错得更加离谱。

举个例子，2015年6月份，我到浙江出差的时候，本来计划是上午在杭州拜访客户，已经买好了下午的高铁票，准备晚上到温州和客户一起吃饭。但是上午的时候，温州的客户给我电话，因为他晚上有急事要处理，约我下午见面，那我只能退了下午的高铁票，又因为时间太紧，我买不到上午或者中午的高铁票。我很失望，刚好这个时候，我发现高铁站的旁边，一辆私人的大巴车上有一块写着杭州直达温州的牌子，我赶紧跑过去问了时间，是十几分钟后发车，那刚好符合我的需求，我赶紧买了票，这个时候是上午十点半钟，但是没有想到，这就是我噩梦的开始。我和另外几个乘客被层层"转卖"——强制换车、倒车，甚至还上过一辆河南到福建的卧铺大巴，就这样，我们倒了五六次车后，下午六点钟才到了义乌的郊区。面对司乘人员的凶狠，我只好借故逃脱，打出租车到了义乌车站，这才坐车到了温州。

出差这个事情发生在我办工厂的期间，虽然是一个小插曲，但是给我很大的启发。我意识到每个人都有安逸的惰性，总想着事情顶一顶就过去了，或者拖一拖就过去了，从来没有认真想过这样下去的后果。结果就是一拖再拖，

让事情变得越来越糟。还有一种思维就是总不敢承认和面对自己的错误，不敢去面对已经是既成事实的损失，最后一步步加大了自己的损失。

我出差回来后就开始进行关闭工厂的事项了，也算是因祸得福吧。

2．我在办工厂过程中所犯错误的总结

做生意要符合商业规律，包括利润如何赚取、风险如何控制、资金如何使用等各个方面。在这里我分享我办工厂的一些经历，讲讲我犯过的错误。

（1）过高的配置生产设备和厂房

作为一个有十几年行业经验和有七八年自主创业经验的创业者，我在筹办工厂的时候盲目自信，用一些客户的口头订单以及一些阶段性的对某款产品的市场反应来指导自己的工作，这个后果可想而知，肯定是错误地估大了自己的销售量，落实到行动就是买了很多液压机来作为主要的生产工具，原因就是液压机的生产速度够快，但付出的代价就是用液压机来做主力的资金投入过大，而且配套液压机的模具的费用也很高，这就是双重的高投入。反之，如果当初选择用冲床作为主要的生产工具，虽然它的生产速度会慢一点，但是作为一个新厂来说，也没有那么多订单，要那么快的生产速度干啥呢？冲床还有一个好处就是适用范围广，开冲床模具的成本也要比开液压机的成本低很多，这就意味着对于后续产品系列的调整和更新换代的速度会更快，不占用大量资金也有助于增加工厂在市场竞争中生存下去的概率。

（2）对于库存的把控不合理

在创业过程中，我发现如果我们不从一个个体的角度，而是从一个面的角度去看很多创业者的决策，其实是没有对错之分的，因为 A 公司的老板做出这个决策赚了很多钱，并且公司的发展也上了一个台阶，而 B 公司的老板做出了一个和 A 公司老板相同的决策却亏得一塌糊涂，最后关门倒闭。再比如同一个公司的老板在创业的初期做出的一个决策让公司亏了钱，在公司发展了一年后，再做出相同的决策却是赚了钱，这又是什么道理呢？这里面的原因有很多，但我认为关键的原因是在于"平衡"二字，创业者在做出决策的时候是否让企业的各个方面得到平衡。回到"库存"主题，我认为我对于库存把控得不合理，就是对于企业整体的平衡做得不好。比如说，我在订购产品的包装盒和包装箱的时候，为了所谓的降低成本，订购了太多超过自身生产量的包装，

随之而来的是太多的包装占用了工厂的仓库，占用了公司的流动资金，加上后面的产品样式调整跟原先订购的包装并不匹配，包装也就只能当废品卖掉了，这就造成了极大的浪费。客观来说，订包装这个问题，没有对错，很多大企业就是用一个很大的量去压低成本，增强自己的竞争力，但是一个初创的小企业如果用这个思路去做事，则会死得相当惨烈。"平衡"二字相当重要，创业者一定要懂得！这样在"库存"方面才能做出适合自己公司实际情况的决定，不会走我已经走过的弯路。

（3）资金管控和销售之间的关系

我做的是照明行业，这个行业是一个三角债的重灾区。除了一些定制类的产品，只有少数大公司能够对一些普通的流通产品做到现款现货，其他的大多数企业只能是以放账的方式去销售。这就出现了一个惨烈的拼杀局面，比如，你公司的放账期限是 30 天，另外一个公司为了抢到客户，就将账期延长到 45 天，甚至有的公司账期是 60 天或者 90 天。在放账的基础上，有的公司又出台了一些"自杀性"的政策——铺货，就是在客户的第一批拿货中，留出 10% 到 40% 的货款金额给客户而不收回来，这个货款，基本上只要客户一直合作，就一直放在那里做质保金了。我公司当时给客户的政策是 20% 到 30%，这就给公司的资金造成很大的压力，进入了两难境地，如果铺了太多货出去，公司的资金链会非常紧张，但如果不铺出去，要求客户现款现货，又会造成销量下降。在当时，因为我这里是新工厂，想将销售量做起来，就给很多客户铺货，拉动销量，这其实是饮鸩止渴，解决了销售问题，但是带来了严重的财务问题，这也是后来公司倒闭的其中一个原因。作为一个创业者，在创业初期一定要步步为营，不能贪多求快，要管住自己的欲望，这才是生存之道。在初创期，创业者其实很多东西都不懂，内部管理没有理顺，外部的客户不稳定，手头资金有限，就不要拿个扫把充大尾巴狼了。初创公司，将自己的租金、人工、投入等各方面的费用缩到最小，就能增加公司成功的概率，不会对销售业绩有太大的焦虑，因为销售业绩无非就是增加公司的收入，但是公司的总体费用少了，对业绩的需求量也不会要求那么高。既然对业绩的要求不高，就不会饥不择食地去接一些没有利润或者高财务风险的订单，这样公司就能够在一个相对健康的方向上发展，并形成一个良性循环。反之，则会造成病急乱投医，越急越错，越错越急的一个糟糕局面。

（4）做低利润和高资金投入的产品

做低利润和高资金投入的产品，对于一个创业者而言，本身就是一个致命的硬伤。2015年，照明行业已经成了红海的状态。在这样的情况下，我做的产品又是一个没有太高技术含量的流通产品，这样的产品要生存下去，除了拼价格就是拼账期，而这两样都是最要命的。拼价格就意味着公司没有足够的利润支持继续活下去，拼账期就意味着公司的资金会极度紧张，容易造成资金链断裂。这些都是由当时的创业方向和产品选择所决定的，所以说战略方向错了，战术再怎样厉害也是徒劳的！我在办工厂失败，跟有水平的创业者探讨后，总结出一个好的判别项目的方法，就是找对标和打对手。比如，现在想做什么行业，首先就在这个行业找出跟自己的创业思路类似的对标公司；然后再研究这个公司各方面的情况，比如产品、客户群、利润率及利润来源、收款和付款方式、竞争门槛、员工构成等各方面的情况；最后评估自身实力是否能够做这个创业项目，就可以做出相对正确的决定了。这个比盲目去找项目好多了。

3. 要把握身体中的"度"

"度"也是一个弹性的问题，我们在生活中经常要思考执行的事情，很多和"度"有关，"进退有度""调度有方"，这些都是对"度"的准确使用。但是在实际创业中，我们最缺的就是把握好"度"，比如很多创业者，包括我在内，有时候觉得自己对身体健康的重视程度，还不如对自己的车的保养程度，这个是本末倒置，有哪个人会认为自己的身体比不上他所驾驶的车，但是，"习惯"这个可怕的力量，总是让很多人内心不认可，但却在事实上做到了重视车更胜于自己的身体。为什么呢？因为车是工业产品，它有固定且不能妥协的工业特性，比如说，车还剩多少油的时候，会有一个警示，这个时候，如果还不加油，等会儿油箱的油用光了，车就自然停下了，没得商量。

而人是生物体，身体拥有比车复杂得多的生物特性，可以不断地向意识妥协，比如我们现在饿了，但是又有特别重要的事情在做，我们就会忍着，饿过头了，反倒感觉不到饿了，因为没有感觉了，所以又继续工作，做到工作完成为止。如果客观将车和人的身体做比较，有没有感觉车比人的身体更幸运一点儿？车子能够随自己的本性，而人的身体却不能。试问一下：有多少创业者有一年体检一次的习惯？很多都是身体上有了很大的毛病才去医院看医生，要是小毛病就随便在药店买点药吃了，顶顶就过了，而对于定时做汽车的保养，倒是严格认真执行。这种"人车倒置"的行为，其实是有一定的普遍性和有害性的。

创业者不能把握好"度"，对身体是极其有害的，有些带有一点"英雄主义"或"强者"色彩的创业者，对于维护身体健康，保证身体正常需要的供给，内心甚至有点抗拒，总是认为"我习惯怎样怎样，身体也没有问题"。不可否认，有些创业者的身体底子确实非常好，他们可以经常性地超负荷工作，身体也没有出状况，但问题是，年龄确实是一把刀啊，很多二十多岁时养成的一些工作习惯，到了三十多岁不一定行，到了四十岁肯定不行，到了五十岁，估计就成了一道催命符了。

对于自己身体的有"度"使用，是决定最后创业是否成功的关键因素。在这里，我呼吁：创业者最低限度也要让自己的身体拥有汽车的待遇，能够及时吃饭和定时到医院体检，就像汽车能够及时加油和做定时维护保养一样。

4. 要谨慎对待事业的"上升期"

创业者在经过创业初期的生死考验后，将会进入第二个阶段，就是事业的"上升期"，这个阶段的特点跟第一个阶段有很大的不同，因为初创期是生死存亡的时期，所以，很多事情是极其明白地展示出来，行就继续经营下去，不行就倒闭走人。所以，很多创业者在初创期都是精神高度紧张，用尽全力去拼杀，最后能活下来都算是创业的精英了。当进入第二个阶段的时候，有一部分创业者依然保持谨慎认真的态度继续战斗，但有一部分创业者会被暂时的胜利所迷惑，高估了自己的能力，马上把第一阶段所谓的成功经验进行大范围地推广，就可能会碰到挫败了。这是因为在事业的上升期，由于公司基本实现了稳定的利润来源，所以，很多困难好像是包了一层糖衣，所以让人看不清楚了。

打个比方，这个时期的事业就像是爬楼梯，在从低层的楼梯往高处走的时候，总会有一个时间段是单脚落地的，这个时候，其实对自己是一个考验，就是头脑是否清晰，因为在外人看来，你确实是上了一个台阶，比之前风光了，但自己的内心一定要明白，现在是一个不稳定的提升状态，毕竟有些时候是单脚落地，是一个金鸡独立的姿势。在这个阶段，如果不能去冷静思考，而是沉浸在面子上成功的喜悦中，那就会遭遇失败。

这个时候，创业者一定要明白之前是怎样生存下来的。之前所谓的成功经验究竟适用于什么范围，找到初创时期生存下来的商业模式，慢慢测试前期成功模式对于未来的事业发展是否还适用，再将生意慢慢做大，这个时候切忌"贪心"二字，好比爬楼梯一样，如果自认为可以一口气爬三级，建议只爬一级，一步步来，不要心急！

5. 凭运气赚的钱，必定会凭本事亏掉

记得电视剧《水浒传》中的一个片段，杨志在被设计抢去生辰纲后，仰天长啸：老天爷，你不公啊！这个片段让我久久不能忘却！相比杨志而言，那老天爷对我简直是到了溺爱的地步了！

创业者想明白自己的现状是很重要的。我经过努力奋斗，同时在家人的支持下，终于在2007年买了一套房子，之后随着整个楼市的升值趋势，我的房子价值也是水涨船高，居然在我买房子后的八年时间里涨了三倍，这个事情让我有点"飘"，虽然不向别人炫耀自己，但自我感觉特别好——有投资眼光，年纪轻轻就在城市买房，再放眼四周，有很多比自己年龄大十岁八岁的人，都还在租房子，而且随着房价不断上涨，买房子的难度也是越来越大，这也让我和没有买房子的人的差距拉大，于是总是在思想中自我膨胀，这也是导致我后面办厂时自信到有些自大的原因之一。其实，我应当做深度思考，我的资产增加，不是我自己有多厉害，而是坐了顺风车而已，这就好比我坐电梯到楼上，别人问我是怎么上来的，我因为在电梯里做了几个俯卧撑，我就跟别人讲我是做着俯卧撑上来的，一点也没有提到关键因素是我在电梯里才能够上来。这也是一个思维的误区，人有时候会比较自恋，经常在归因的时候做选择性忽视，将自己的因素放大，将环境的因素缩小。这个做法用在激励自己、调节自己的情绪方面，是挺不错的，有益无害，但是如果用在决策或者工作上，那就是害人了，我们要客观分析自己的能力和付出，这样就不会走太多弯路了。

6. 多学习，让自己成长，才能少经历一些无奈的"悖论"

作为一个经历过酸甜苦辣的创业者，我还经历过创业中的"悖论"：我是因为资金问题，才要关闭工厂，但我关闭工厂，也离不开钱。这就陷入了一个死循环。例如，在注销工厂的时候，我作为公司法定代表人，社保都拖几

个月没有办法缴了，但是，想要走工厂注销程序，就必须缴清社保，那我没有钱怎么办？为了注销公司，只能去借钱……这是我创业以来最艰难的时刻，这个情景的内心感受，也许就是我写《蜗牛式创业》这本书的原动力吧，我其实现在回想当时的内心感受，应该是极度痛苦到有些蒙了吧。

  我能做到的也就是两件事，一个是处理好自己的事情，另一个就是思考自己的创业经历并且分享给大家，同时倡导"蜗牛式创业"，希望尽量少一些人陷入到我这般境地。我认为创业者应该在创业前就明白创业的风险，不仅要懂得自己所要创业的行业经验，有行业的人际关系、社会经验、财务知识、法律意识，还要有不断学习的习惯、好的合作伙伴。有这些还不够，还要多了解创业的经验，多看看创业者经常死在哪片海滩上，自己就永远不要去这个地方。我在创业失败后非常自责，痛恨自己为什么将好好的生意做到如此境地。在公司倒闭后，我看了很多书，也跟很多有经验的创业者交流，我深刻地意识到，其实我的很多失败经历和其他创业失败的朋友是相似的，可以这么理解，就是相同的事情发生在不同的时间段和不同的人身上。既然失败是有规律的，那么，我的经历和经验分享就变得有意义和有价值了。

  学习，始终是让自己进步的最低成本方式！希望各位创业者能多看一些有关创业的书，成功者也好，失败者也罢，他们都曾经是创业队伍中的一员，他们因何成功，又因何失败，这怎么能讲得明白呢？我们能听到的，能想到的，能看到的信息，全部都是有限的，在这个有限的信息中，我们想得到一个全面和准确的结论，从现实上就不可行！退一万步讲，我们能得到全面的信息，但是该如何解读这些信息，又是一个问题，因为每个人的理解、知识结构和立场都不一样，也会得到完全不同的结论，这个就像一百个人眼中就有一百个曹操，"功过是非"哪个是有定论的呢？作为创业者，我们只能多看多学多想多问，当自己有了足够多的知识和足够多的经历，以及在这个过程中形成自己独特的思维模式后，我们对很多事情的理解就会"豁然开朗"，也就是佛学中的"顿悟"。其实这些原理是相通的。两个层次，一个是知道了这件事，一个是解读了这件事，如果能达到"知道并解读"这样的境界，很多代价惨重的事情是完全不用去经历的！

二、创业的常识篇

1. 家庭教育对于创业者有一票否决的作用

从"蜗牛式创业"的角度来思考，我认为，家庭教育的意义在于维持好一个蜗牛壳，如果蜗牛壳都有问题了，创业又有何意义呢？

有些创业者在得到想要的财富后，却发现自己身边的人全都离去，即使没有离去的人，与自己也是形同陌路。请问此时，对于这些创业者而言，即使手握财富，又能怎样？有很多商海的赢家，辛辛苦苦几十年的努力，最后被自己的子女一两年就败光了。请问，这样的创业又有何意义呢？

说到家庭教育，说到对于小孩子的培养，也是不可能一步登天的！比如，A从小就没有认真读过书，也没有一技之长，整天游手好闲，无所事事，他的因忙于创业赚钱而对他疏于管教的爸爸花费巨资就能补足他缺失的教育吗？就能让他拥有良好的品德，踏实上进了吗？我希望创业者在整个创业的过程中都不要忽视家庭教育，只有做到这一点，才能够有安全、可控的幸福未来。甚至，对于创业者而言，当进入退休年龄的时候，决定自己能不能真正退休的，不是生意上的问题，而是接班人的问题。

一个有智慧的创业者就应该在自己的能力范围内让责任和权利对等。想象一个场景：一个创业者整天忙于应酬和工作，对家人不管不顾，当自己事业不顺，让他们生活质量变差，甚至还要让他们承受自己的坏脾气。可能这些情形对于部分创业者而言见怪不怪，但这是必须改变的状态。

教育孩子的基础是父母的沟通、金钱、精力、智慧等持续的投入，这几样是不能相互代替的，但是实际上，很多创业者却是企图用金钱去代替其他投入，比如，用钱请好的老师教育孩子，直接用钱去奖励孩子，用钱去代替沟通等。举个例子，我身边的某个生意做得还不错的老板，交得起一节课三百元的学费，孩子生日可以在酒店庆祝或是出国旅游，也会在平常给孩子几百或者几千元零花钱，以补偿平常的沟通不足和减少自己对孩子照顾不周的愧疚感。但即使他付出了很多钱，却发现他和孩子的关系依然不好，他抱怨孩子是个白眼儿狼。估计会有很多创业者有这方面的困惑，无所适从，但只要学习过家庭教育的人都明白，父母和孩子之间的沟通、教育等是不能用金钱来代替的，没有情感的沟通，再多的物质条件也是徒劳。

举一个真实例子，一个朋友的老板是一对俄罗斯夫妻，他们在佛山成立一家公司，出口一些建材到俄罗斯，也进口一些俄罗斯的产品在中国市场销售。但因为平时太忙就请了一个佛山当地的保姆照顾孩子。每天，两人回到家孩子也差不多睡了，即使放假在家，也有忙不完的事，跟孩子只停留在一些简单的沟通上。直到孩子的幼儿园举办活动，要求家长和孩子做一些互动游戏，他们才发现根本听不懂孩子说的话！夫妻二人会讲俄罗斯语、英语和一些简单的普通话，广东本地的粤语则一点不会，但是由于保姆在家带孩子都是用粤语沟通，导致孩子只会粤语。当然，孩子年龄还小，父母发现问题还早，还可以扭转局面。

还有一些人为了创业，将孩子放在老家做留守儿童，他们也就平常打打电话，春节回一次老家见见孩子，就这样，孩子长大了，他们会发现他们跟孩子之间很少有情感的交流和共鸣。这样的结果也会导致关于孩子的学习、志向、习惯、人际关系等各方面的问题，他们根本无从着手，为了让孩子能改进一点点，就要花费九牛二虎之力。想想一个创业者，面对一边没有处理完的工作和另一边状况频出的孩子，肯定是心力交瘁了。我有一些类似这种情况的朋友，他们都说，如果可以重来的话，他们无论多累都要将这个问题在早期处理好，而不愿在以后面对这种无论付出多少都无济于事的局面。

因此，"蜗牛式创业"就是创业者做好家庭教育的保障方式。

2. 创业要懂得变通和适时调整

俗话说：计划赶不上变化。这个用在创业上是再合适不过了。因为创业就是一个不断试错的过程，没有任何一个创业是只做一个创业计划书，然后按照计划书去执行就能成功的。这个世界唯一不变的就是变化，谁都不可能未卜先知整个流程。

在实践中，谁能够真正地把握自己呢？准确计算自身能力和创业项目的匹配度呢？《孙子兵法》说："知彼知己，百战不殆。"如何准确知彼，了解对手的决策，做出正确反应；如何知己，在实际创业的压力下有怎样的表现呢！这些都只能在实际的创业过程中才能去验证。所以说，创业就是一个不断调整的过程，如果不懂得变通之道，钻牛角尖，那就只有死路一条了。举个例子，在美国大淘金的时代，有很多人去淘金，在去淘金的人群中，也有这样一些人，他们很快发现淘金很难赚钱，但卖一些淘金的工具更加赚钱，比如用于挖掘的工具或者用于淘金的耐磨裤子（李维·斯特劳斯的牛仔裤也就是从那个时候开始流行的）。如果我们把淘金当成一次创业，可以看到这些创业者在实际环境中适时地调整计划，不断改进创业的方式和方法，最后反而成功了。我们的创业过程其实也类似于生物进化论，物竞天择，适者生存。商业环境和大自然的生存法则是一样残酷的，成功的创业者都是适时变通，因地制宜地进化，创业才成功。

3. 创业需要熔断机制，要在自己可承受的范围内做事情，懂得"止损"的同时，还要懂得"止赢"

如同一块金属板，我们一直往上面放东西，当超过了它的承受范围后，它会突然断掉。如果这个金属板是我们的创业项目，我们要怎样对待它呢？我们一定要等到它断了以后再去收拾残局，还是在它断之前给它设一个熔断点，这是一个有智慧的做法，而且也是需要有极大的勇气和决心的。为什么熔断机制很重要？这是因为没有熔断机制的后果太严重了，比如我本人，在开工厂的时候，如果给自己设立一个熔断点，该放手时就放手，就不至于在拖到资金链完全断后，再来收拾残局。

创业者必须给自己的事业设一个熔断机制，就是不能无条件和无底线地进入，而是要给自己一个度，达到什么样的情况，可以怎样做，如果情况恶化到什么程度，必须放弃。如果我们懂得这个道理，那么，最起码，我们可以避免重大损失。

创业者在投入某个项目时，一定要在投入这个项目前就给自己设一条底线，我们做两种假设：如果创业成功了，公司做大了，自己究竟是想将它作为一个一辈子的事业做下去，还是走资本的路线，不断引入资本，甚至对公司的控股权也不在乎，只想着到时间套现走人；如果创业失败了，那么，自己究竟要为这次创业买多大的单，也就是当亏损到什么时候，自己果断叫停。这样做，有助于创业者保存自己的有生力量，而不会导致一次创业失败就深陷泥坑，再也爬不出来了。所以，底线很重要。有一个经典的故事——

富翁：我这里有两千元，给你去赌，但是无论如何你都不能把钱输光！一定要剩下五百元。

第五部分　创业中的收获

儿子：这还不好办吗？你说剩多少，就剩多少。

但儿子很快就赌红了眼，输得一分不剩。

儿子：我还以为最后那两把可以赚回来，刚好那时我手上的牌正在开始变好，没想到却输得更惨！

富翁：一个月后我们再来一次。不过你已经输掉了本钱，我不能再给你。咱们事先有约，这需要你自己去挣。

一个月后，儿子带着挣到的七百元再次走进赌场。

儿子：这一次，我给自己制定了原则，只能输掉一半的钱，到了一半时，一定离开牌桌。

这一次，在输到自己设立的界限时，虽然也有心理斗争，但他还是把钱全都压了上去，依然输了个精光。父亲在一旁看着他，一言不发。

儿子：我真的再也不想进赌场了，我只会一直输。而且我的性格也会让我输光最后一分钱！

富翁：不，你必须再进赌场！因为赌场是这个世界上最无情、最激烈、最残酷的地方，我们的人生亦如赌场，你本来也无法逃避。

儿子只好再跑去打短工，半年后，他再进赌场。

这一次，他的运气还是不好，虽然又是一场输局，但他却比以前冷静和沉稳了许多。当他的钱输到一半的时候，他毅然决然地起身离开了赌桌，并且走出了赌场。他获得了战胜自己的喜悦感。

富翁：你以为进了赌场，是要赢谁？其实是先赢了你自己！只有拥有自控力，你才可以做真正的赢家。

又过了一段时间，父子再次到赌场。这一次，富翁儿子不但保住了本钱，还赢了几百块。

富翁：现在你应该马上离开赌桌。

儿子：不急，等赢到一倍时，我肯定走。

赢到一倍时，他兴奋不已。就在这时，形势急转直下，只用两把，他又全部输光了。

一年以后，父子再次来到赌场，这时的儿子已经像一个老手了，不论输赢都控制在百分之十左右，不管赢百分之十，还是输百分之十，他都会离场，即使在最顺手之时，他也会放手，并且毅然决然地退出赌场。

富翁：我决定，我将我们家的财政大权交给你。

儿子：我还不懂得公司的业务。我怕做不好。

富翁：其实业务只是小事，很多人失败，并不是因为他们不懂业务，而是对自己欲望的无休止放纵和对自己情绪的失控。很多人不是把握不了财产，而是把握不了自己。但是这个，你已经学会了。

这个小故事告诉我们，只有能在赢时退场的人，才算得上是真正的赢家。人生只是一个局，在这个局中我们总是会与自己博弈，而人生的过程就是一个不停与自己博弈、提升自己并且最后战胜自己的过程。人生最大的成功就是可以战胜和控制自己，做最好的自己。人生如此，创业也是如此！

在商场中，创业者不能只想着当前利益最大化，而是要有底线——只赚自己的那份利润，思考隐性成本，坚持不伤害对方利益，不要因小失大，这才是商业合作的最基本层次。在合作的过程中，让利于客户，甚至让自己少赚一点，让对方多赚一点，则是成为大商人的格局，也是做生意的境界。做生意就是做人，做人的最高境界就是厚道！只懂得追逐利润，是境界最低的生意人所为；懂得和他人分享利润，"厚道"赚钱，才是大商人本色。让客户多赚，让客户占便宜，这样就会有更多人来合作，这才是真正的财源广进。总结一下，创业者必须懂得"止损"和"止赢"，在可控的范围内成长，创业才能更顺利！

4. 创业过程中"蒙了"的解决方法

"蒙了"在"百度知道"中的解释是指昏迷，暂时失去知觉的状态，如：头发蒙；一下摔蒙了；被一拳打蒙了。我创业十几年，也碰到过"蒙了"的状况，这既有主观的原因，也有客观的因素。举个例子，我的一个做建材贸易的朋友，他的仓库遭遇了一场火灾，烧了一大堆货物。当时他就"蒙了"，因为火灾这件事，是一件他根本没有预料和准备的事，他的表现就是不知所措。我也能理解，这些货物几乎是他的全部资本，一边安慰他，缓解他的压力，让他能快速进入解决状态！我当时说了一句："公司火灾保险公司应该能赔吧，你有没有买保险？"就是这么一句话，他大声回答："有！"然后他就像是解开穴道，又活过来了一样。这种情况是属于比较明显"蒙了"的状态，由于是比较紧急的事，所以，他的这个状态来得快，去得也快。这个跟我办厂"蒙了"的状态有点不同，我那个"蒙"是有点像温水煮青蛙，整个人就像是被不断加热的水给煮晕了一样，我要脱离那个状态需要首先让自己静下心来，然后还需要清晰的思维才能脱离这个"蒙"的状态。

反思一下,造成我这个状态的根本原因,我认为还是在于经验不足和经历不够,如同一个本来做建筑的老板去开发芯片一样。如果这个时候开发组的成员过来请示一些专业的问题,要他迅速地做出决定,将芯片的良品率从95%提高到96%是用A方案还是B方案?你认为他知道如何做出正确的决定吗?我认为最大概率是出现下面两种情况:第一是运气好,在这个超过自己能力边界的地方,他幸运地做出一两个正确的决定,然后在一群"马屁精"的吹捧下,自我感觉特别好,然后做出一两个错误决定,导致了无法挽回的巨大损失。第二是运气差,一上来就昏招儿频出,几下就玩完了。反思我开厂的事情,我想我应该属于第二种,一个做销售的人,不懂生产,却是一个工厂的老板,掌控生产、销售、采购、人事等各项权力,碰到这个场面,就处于"蒙了"的状态,心里一点概念都没有,加上运气差,很快就失败了。当然,如果给我时间去适应和学习,我相信我能够做好我这个位置的事情,但关键是做了错误的决策之后,经营成本和各类事项推着我走,根本没有时间和精力静下心来去学习。要在自己的能力边界内创业,这个是创业成功的大前提。

当然,什么是自己的能力边界,有时候,我们自己并不能完全明白,但我们可以尝试去了解,在了解的过程中,我们能做到的最好是小碎步前进,不能大跨步尝试,大跨步会导致付出的成本和代价太大,这也就是我提出"蜗牛式创业"的意义所在。创业路上是必定会犯错误的,但是中小错误有利于企业的成长,大错误则有可能导致企业万劫不复了。一个理性的创业者,我认为是应该让自己在中小错误中快速进化,适应新的工作环境,这样才能够在创业的路上走得更顺利。

办工厂的时候,我拥有的资源和经验,还有团队人员根本不能应对工厂出现的各种挑战。"蒙了"的根本原因在于遇到超过能力范围的事情,将自己置于不能有效掌控下的一种正常反应。我错过了解决问题的最好时机,当时我没有明白一个道理:任何时候只要发现错误就马上改正,不管当时认为代价多大,其实都是代价最小的方式。对我而言,办工厂需要我对所有问题进行深度思考,最理性的无非面对两种情况,如果问题可以解决的话,就要在有效的时间内解决(确定一个时间,比如几月几日前解决,绝对不允许拖一天),如果真的决策错误,我应当马上停止,将工厂关闭。这个是我的最优策略。

但是，我当时"蒙了"。我在迟迟没有作出选择的情况下，在客观上选择了拖延时间，无原则无理由地拖延时间，本来可以壮士断腕，直接将大厂关闭，马上清算所有的货款、债务、库存等，却拖成了病入膏肓。这种不理智让企业继续向错误方向前行，还折腾了一下规模，让大厂变小厂，花了一堆冤枉钱，让工厂苟延残喘地多活了几个月，却没有从根本上解决问题。

直到最后，我才清醒过来，下定决心列出方法。第一步，将所有需要面对的问题列出来，客观列出问题，先不想如何解决。第二步，根据列出的问题，寻找解决的办法，切记要给自己每个需要解决的问题留出一个解决的时间点。第三步，思考能不能解决问题，如果不能，果断舍弃。第四步，给自己一个脱离这个状态的时间点。我通过以上的方法列出了资金周转、销售订单、利润率等问题，又分析以上各项是否可以在一个期限内解决，最后发现根本无法解决，于是，做出了两个月内关闭工厂的正确决定。

总结一下，创业者在创业过程中如果出现"蒙了"的状况，肯定是出问题了，一定要重视起来！不能拖！静下心，定下神，限时分析解决问题。

5. 两种做事的方式，导致了两种结果和生活方式

在这里我讲的这两种做事方式，一种是有十分的能力，做六七分的事，另一种是有十分的能力，做十二分的事。下面我举两个例子。

第一个是某建筑公司的蔡总。我当时在做照明贸易，将灯具卖给蔡总在中山市的一个办公楼工程。蔡总是一个有实力的建筑商，同时在施工的就有三个工程，而且这个办公楼工程的标价就有七八千万元。正常来说，跟实力这么好的客户合作，货款应该是不成问题的，但是当我按照约定将灯具送到指定地点后，居然收到一张空头支票。因为涉及的金额有三十多万元，我非常紧张，赶紧跑到工地追款，才发现跟我一样境遇的供货商有四五个。经过我多方了解，终于明白原因，是蔡总将这个工地的款挪用到其他工程了。这就说明，相对于他做的这三个工程而言，他的实力是不够的，这就导致他要通过拖欠供应商的货款来应付资金缺口。虽然我的货款最后还是收回来了，而且拖欠货款的时间和利润也算是成正比，但是我觉得他用这个方式维持工程的正常运转是有副作用的。从大的方面讲，拖欠货款会导致供应商的供货不及时，影响工程进度，影响他的信誉和工程款的回笼；从小的方面说，付款拖延会导致工程成本高、

利润少,因为没有一个供应商会给他最低价;而且这样经常性地被供应商追款,疲于奔命,也是影响健康和安全的。

另一个是广州客户郑总,实力跟蔡总比,应该是不相上下的,但是他的经营思路和蔡总是完全不同的,不求量而求精。我供货给他的工程,报了两次价,第一次报价,我按照正常的工程利润留了三十个点的空间,他在跟我吃饭的工夫就大概估算出了货品的成本,然后他一步到位地进行了还价,给我十个点的利润空间,要求我只要做好服务,货款会用现金结算。对于这种理性、精明,又讲究双赢精神的客户,我虽然利润少了,但少得口服心服。我在跟郑总聊天儿的过程中发现,他是个追求幸福感的生意人,真正做到有十分能力用七分,这样做生意游刃有余,生活也自在,而且他用的是自用资金,不用借款,就没有其他的利息和费用支出,从不拖欠工资,自然会留下一群得力干将,这在流动性很大的建筑行业是不多见的。

上面讲的两个生意人的两种不同赚钱方式,大家更欣赏哪一种呢?我曾经问过好多朋友,大家的回答各有千秋,其中有一些朋友在思考能不能既有蔡总的发展速度,又有郑总做生意的从容。我认为这是不可能的,因为在生意场上,速度和从容本来就是对立的,你想追求极速发展,势必就不能做到淡定从容。我们只能选一条适合自己的创业之路吧。

6. 想成为创业者的人,请先成为创业者的朋友

我在创业的过程中走过很多弯路,分析了一下:有些是主观原因,比如我心急,不按客观规律办事,这些还可以通过调整来解决;有些是客观原因,比如资金、能力、人员,还有"见识"等。这里我将重点说明一下"见识"。创业者在创业的时候,客观上是用自己以前的工作经验去做一件从来没有接触过的新工作。这会不可避免地走不少弯路,我有一个捷径:想成为创业者请先成为创业者的朋友。简单点说,你想做一个老板,你就要多交老板朋友,因为你刚创业所要面对和处理的某类事情,人家都已经处理不知道多少次了,甚至都已经形成可实施的规范或制度了。

如果创业者对于行情不了解,就不知道什么东西值多少钱,所以,创业者要提高自己的"见识"。举个例子,用十元买价值七八元的东西,那没有什么难度,而且在购买的过程中会特别享受,走到哪里都会有掌声和笑容;如果

是用十元买十元价值的东西，就要花一些心思了，寻找各类供应商比较价格也不会比找客户容易多少；如果是用十元买价值十二元的东西，那就不是简单地花一些心思了，而是劳心伤神了。例如我为了降低LED灯珠的成本，通过关系了解到某个供应商给几个大公司的灯珠供货特价，然后又联合了几家公司，将所有的采购订单集中到一家公司，增加了议价权，最后才拿到了最低价格。

综上，创业路上确实艰辛，但有一些错误却是可以通过提高自己的"见识"来避免，多交有用的朋友，少犯错。

7. 容忍员工的不完美，保持企业的弹性

我算是一个完美主义者，可能这个源于母亲的教育，比如小时候她教导我说：某某事情，要不就不要做，要做就要把它做好。这个教导一直影响着我。做产品，我们一定要用这种工匠精神来做，但是如果是管理公司，那就不能够用完美主义了，虽然自己做能达到90分，员工做可能只有70分，但是如果创业者总想亲力亲为，不给员工成长的空间，那么员工就永远是70分了。

关于"弹性"，先举个例子。比如，我原先租了一个100平方米的办公室，我花了很多的精力去搞装修，定制了很多的办公家具，还对这100平方米的空间做了很好的规划，什么地方做什么用途，什么地方怎样摆放最合理，甚至连办公室有柱子的角落里，也都量了柱子的尺寸，买了匹配这个尺寸的一张桌台，摆上一盆漂亮的花，这一切，应该是非常完美吧。但遗憾的是，由于公司发展需要，要搬到另一个新的办公地点了。那些定制类的东西，根本不能匹配新地点，对于我来讲，这算是一种浪费吧。回想一下，我原来的完美就变成新的缺陷。换了一个地方，原来的很多东西就是不合理的存在。如果，我原来选择的办公家具是一些常规的，适用性强的，有可能新的办公室也能使用，还可以节省一笔费用。在这里，我举"办公家具"的例子是一个类比，我想表达的意思是：创业者应该给自己的企业一定的弹性空间，不要老是将眼光盯着眼前，要用发展的眼光去看待公司的发展，如果按照公司目前的情况去做最优化，其实也就是在压缩公司未来的发展空间。创业者在投入资金的时候，一定要明白这个资金的使用是短期价值还是长期价值。对于企业来讲，一笔资金的使用，如果能同时满足短期价值和长期价值，那是最好的。对于员工的培养肯定也是如此。

创业者要对公司做整体平衡，将时间、精力、资金用在最必要的事情上，比如采购、销售、财务、行政、生产、技术、仓库等方面要面面俱到，我认为 80 分最好，没能做到 80 分，整体 60 分也行，但不要漏了哪一方面，全部单项做到达标的水平，切忌一些做到 50 分，一些做到 100 分。这样的话，做 50 分的那项一定会成为"木桶效应"中的短板；而做到 100 分的那一项，也并没有带来多大的收益。

8. 注意维护合作边界，双赢、让利给客户是做长久生意的基础

在交易的过程中，买卖双方，包括买卖双方的上下游公司或者个人，都有他们存在的价值和维持他们生存的成本。所以，我们在做生意的过程中，要尽量保证大家的利益不受损害。即使有些表面看起来好像减少了自己的利润或者是增加了自己的成本，但是实际减少的这个利润和付出的这个成本才能保证自己的最大利益不受伤害。我们一定要坚持这个原则，我理解的"生意"，就是要有让大家都生存下去的意识。

举个例子说明一下，我在做每日坚果生意的时候，需要找包装设计公司帮我设计每日坚果的外盒包装和内袋包装，找了几个公司都没有设计出合适的，最后，杭州的一个设计公司，终于帮我设计了一款包装，令我非常满意。特别是设计师的审美非常符合我的想法。我后面又需要设计一款包装，肯定就找这位设计师了，但当时我并没有走正常流程，而是直接跟这位设计师合作，我自认为是一样的效果，还能省钱，就这么干了，但事与愿违。虽然包装创意理念不错，但是整体的细节处理、文字校对等工作，就不尽如人意了。我自己的错误判断和选择导致了这个结果，我没有分清合作边界，要小聪明，结果就是聪明反被聪明误。

再举一个例子，我在一个照明公司做销售的时候，老板对于销售人员的要求"简单粗暴"，就是销售人员的业绩考核是放在第一位的，至于市场的长期发展，排在后面。因此，公司用 A 品牌在某市找市级经销商，又用 B 品牌在同一城市再找一个市级经销商，对于几个一线城市级别的大市场，则用 C 品牌再找经销商。但是 A、B、C 这三个品牌的产品价格、质量都是一样的，连生产厂家也是同一家的，只是品牌不同和包装设计不同而已。销售人员跟市级经销商谈合作的时候，都会给出市场保护的承诺，让经销商尽量多进一些货。

而经销商在市场推广时却会面临竞争激烈、打价格战的局面。由于市场管理比较乱，导致各个经销商的利润得不到保障，对于产品的销售就没有动力。有一次我在跟合作的经销商谈事，他接了一个客户的电话，找他买一些照明产品，我听到客户本来想要我公司的产品，但他竟当着我的面说库存数量不够，推荐了其他公司的产品。这件事给了我比较大的触动，对于买卖双方的合作，如果不维护好合作边界，如果一方只考虑自己的利益，让对方的利益得不到保障，那么这个合作是不可能长久的。

只赚自己的那份利润，思考隐性成本，坚持不伤害对方利益，不要因小失大，这个是商业合作的最基本层次。而在合作的过程中，让利于客户，甚至让自己少赚一点，让对方多赚一点，则是成为大商人的层级。记得有一篇报道，一位记者采访李泽楷："你的父亲李嘉诚究竟教会你怎样的赚钱秘诀呢？"李泽楷说："我父亲从来没有告诉我赚钱的具体方法，他只教了我一些为人处事的道理。"记者大惊，表示不信。李泽楷又说："父亲叮嘱过我，你和别人合作的收益，假如你拿七分合理，八分也可以，那我们李家拿六分就可以了。"

《弟子规》说："凡取与，贵分晓。与宜多，取宜少。"这种思路，和当下流行的"利益最大化"是相冲突的，但却是细水长流式的长期利益最大化。孔子说："放于利而行，多怨。"我的理解就是，如果你只是看着眼前的利益，只以利益最大化为标准，那么你必然收获各种怨恨。

9. 团队组合的重要性

记得在一个叫《天马行空，巅峰对话》的节目中，马云谈到团队组合。马云戏说有两个经典团队，一个是三国的刘关张团队，那是千年等一回，像关羽武功那么高，又那么忠诚，几乎不大可能复制。而最现实的团队，就是唐僧团队，唐僧这样的领导，唠唠叨叨、能力不高、废话很多，每个公司都有这样不知道自己在干吗的人；每个公司也有孙悟空这样勤快的人，虽然自以为是，错误也多，但能力确实很强；猪八戒这样的人，每个单位每个地方都有，每天的希望就是懒一点，同时积极乐观，还很有幽默感，也招很多人喜欢；沙和尚，实实在在上班八小时，挑担干活，所以这四个人合在一起，形成了中国最完美的团队。我认为这段话也基本讲明白了团队组合的重要性。

创业团队的组合会影响到整个创业成败！因此，团队组合的合理性比团队单个成员的能力强弱更重要,比如,将砂石、水泥、水按一定比例组合搅拌就可以变成混凝土,而水晶、红木、红酒这三样,每一样的价格都比以上的三样高,但是这三样东西组合搅拌却成了垃圾。

再举个创业分工的例子,创业中最普通的贸易团队,几项常见的工作是销售、采购、管理接待、跟单、财务、仓库管理、协调配送等,如果这是一个由几人组成的初创团队,应该是每个人都身兼数职;如果这是支三人团队,我感觉比较好的搭配是:销售、跟单这两项由一个人干,采购、仓库管理、协调配送这三项由一个人干,财务、管理接待由一个人干。那么,现在有两个问题:为什么销售和财务不能一个人干?因为销售工作是要和人打交道的,需要灵活变通,但是财务工作是需要严谨认真的,同时做好这两个工作不容易。为什么采购和销售要分开呢?因为采购和销售一个买,一个卖,除非是老板亲力亲为,否则,对于公司的利益没有保障。

总结一下,团队合理组合是创业成功的重要因素!创业者要特别重视团队的组合搭配,只有好组合才能产生一加一大于二的效果。

10. 常怀感恩之心

"感恩"是一种积极情感。美国的罗伯·艾曼斯博士是专门做"感恩"情感研究的。他认为,经常保持感恩情绪对自己的心灵、情感、身体有各种各样的好处。常怀感恩之心可以给我们创业者带来什么好处呢?

(1)可以增强创业者的幸福感。创业者创业的过程也是追求幸福的过程,心怀感恩可以提高创业者的幸福指数,毕竟,这个世界上不是每个人都能创业的,每一个创业者都是在实现理想,追求幸福的幸运之人。

(2)感恩之心让自己减少负面情绪的影响。我们很多的不良情绪都是过去发生的一些事情不符合我们的设想,或者担心未来会发生什么自己不可预测的事情。如果我们拥有一颗感恩的心,认为这些都是上天给我们的礼物,我们之前碰到困境,就是上天在考验我们耐心和意志力的一个小测试,也是上天增强我们幸福感的一种方式,试问一下,如果一个人蹲下来跳,是不是可以跳得更高?我们目前就是蹲下的状态,后面就会跳得更高。另外,一低一高的差距变化,让我们的幸福感增强的同时,也让我们的生活充满乐趣。

(3)感恩之心也是可以帮助创业者减轻压力的。创业中的很多压力都源自创业者的不知足或者贪心，举个例子，对于赚一百元这件事，很多压力巨大不懂感恩的创业者会想：这单生意太倒霉了，本来可以赚五百元，就是某某人做得不好，害得我只赚一百元，还有我的运气也太差了，怎么会认识这种人……心里这么想的人，往往也不会有好的心态和脸色，于是面目可憎，没有人喜欢跟这种人打交道，创业项目无法推进，压力自然更大。如果创业者常怀感恩之心，一单生意赚到一百元，就会想：好高兴，感恩大家给我这个机会赚到一百元，如果没有大家的帮助，没有好的运气，我是绝对赚不到这一百元的。相由心生，面目和善，有这样懂得感恩的创业者，员工也有信心和动力将工作做得更好，创业项目会更快进入良性循环。

（4）心怀感恩可以让创业者更加有冲劲。有感恩之心的创业者，一定相信有付出才有收获，对当下的困难会更包容，还会感恩有这么好的环境，这么多认识和不认识的人在帮助自己，自己的努力一定能够取得成功。

创业者要有感恩的心，要常怀感恩之心，要明白其实自己现在拥有的一切是无数人的努力才得到的，这里面有从出生就哺育我们的父母，有教给我们知识的老师，有当我们生病的时候帮我们治疗的医生。比如，我们吃的每一口饭，都是农户辛勤种植的。再比如，我们能买一辆车开出去玩，确实有我们努力付出的一个结果，但是，如果没有汽车制造商，我们有钱也买不到车；如果没有一条条公路，我们即使买一辆汽车又有何用；如果没有环卫工人的辛勤劳动，道路上堆满了垃圾，我们即使有路有汽车，也没有办法顺利前行。我们在生活中见到的一切都是那么美好，我们目前做的这一切，也是在为这个美好生活添砖加瓦而已，我们受点累，还有人比我们更累，感恩他们帮我们承担累的工作，才让我们生活得没有那么累。我们现在生活在一个高度协作的社会，因此，我们要怀有感恩之心，懂得别人的付出和懂得去回报。一个有感恩之心的人，也是一个有大智慧的人。一个拥有大智慧的创业者，才可以更好地去面对创业的各种挑战。

11. 关于大学生创业的一些思考（这里指在校生或应届生）

"大众创业，万众创新"是我国近些年鼓励大众进行创业而提出的口号。鼓励大学生和年轻人创业不但有利于缓解大学生就业方面的压力，还对年轻人放飞自己的梦想，探索自己人生的无限可能有重要意义。

我也是普通家庭的大学生，尽管我在读大学期间也是积极参加各类社团、做校报记者、参加各种社会实践活动，但即使是这样，我对自己大学毕业后眼高手低的工作状态还是记忆犹新！所以我是在积累了一定工作经验之后才去创业的。客观来说，我的经验并不能给所有的大学生借鉴。因为大学生是一个人数众多的群体，学生自身素质和家庭背景都不同，也有一些大学时代就开始创业而且现在公司做得挺大的实例，比如王兴、刘强东等。

很多刚毕业的大学生根本不知道创业的目的是什么，对所要创业的行业也没有深入的了解，对很多产品或者服务并不了解，比如：凡·高的画和毕加索的画在色彩的表达方面有什么不同？同一片大芯片切下的两片同样规格的芯片，它们之间的偏差的范围是多少？很多人认为做老板后，经过一番奋斗，事业理顺后就可以走上人生巅峰，从此实现财务自由，但实际上，这样的想法是错误的，创业其实是一个长期的过程，它是一种生活方式，而不是一个阶段性的事件。我的理解是，老板不是一个公司的职位，而更像是一个职业，一个需要高度专注和敢冒风险、非常让人焦虑的职业，虽然从事这个职业的收入上不封顶，但是亏损同样也是下不封底！很多要追求自己梦想的朋友从事这个职业，但是这个职业不是一般人可以驾驭的。举个例子，某个人打一份工，他的收入是在正的多和少之间浮动，简单概述就是赚多赚少。但是如果他去创业了，那他的收入就是在正和负之间浮动，也就是说有赚有亏。

影响大学生创业成功的因素有哪些呢？

第一，缺少社会实践能力。

很多大学生因为还没有在社会中磨练过，对于自己的未来事业满怀激情，充满着信心，心里感觉只要自己努力、坚持肯定能干出一番大事业。虽然创业努力是必须的，但是没有人光凭努力就能成功，经验、人脉、资金、运气这些都是影响创业的因素，当然，最重要的肯定是创业者的自身能力。作为创业者，一定要明白"万事开头难"的道理，初创者不是管理者，千万不要想着所有事情都能安排其他人替你做，那就太不现实了。创业者最好是一专多能，自身有一项专业技能是创业的法宝，但其他方面的能力则需要多少具备一些。对于自己能做的，自己搞定就可以省很多人工费用，对于自己不会做的，有一个可以跟自己能力互补的搭档就好一些，但是一个大学生要做到这一点并不容易，因为没有丰富的社会实践经验，首先对自身的能力并不完全了解，另外，

蜗牛式创业

对于找什么样的人搭配更是很难把握，所以社会实践能力的缺乏会成为大学生创业的拦路虎。

第二，大学生缺少资金（包括自有资金和筹措资金的能力）。

资金应该说是大学生创业中最头疼的一个问题了。如果将古语"兵马未动，粮草先行"用在大学生创业上，这个"粮草"对应的就是资金了，不管选择什么项目，资金都是必不可少的，缺少必要的资金，再好的项目等于零。大学生创业，很少一部分人手头有必要的资金，手头即使有一些资金，无非就四个来源：自己省吃俭用存下来的；读书期间的奖学金或者做兼职的收入；家里给的；各种方式借的或者贷款。如果是前三种的资金来源，对大学生而言还相对健康。如果是第四种，大学生创业者靠借钱或者贷款作为创业资金来源的，他们的压力会很大，那就真的输在起跑线上了。创业资金都是有限的，而创业的未来是无法预测的，谁都不知道创业项目什么时候才能盈利，如果在盈利前就把启动资金花完了，将会导致创业项目无法持续下去。对于一个没有商场经验的大学生，该如何筹措到这些资金，是挺困难的一件事。

第三，大学生没有相关行业经验。

说到大学生不了解相关的行业操作，这是很正常的。毕竟一直在学校读书，有多少大学生在哪个行业实际干过呢？除非是自身家庭有相关的行业经验积累，则另当别论，如果不是这样，一个大学生没有真正步入想创业的行业中，对于这个行业的很多事情也只是懂点皮毛，无法真正了解这个行业中的优势劣势，那就会把事情想得太过简单。行业经验的缺失，也是大学生创业的拦路虎。

大学生创业有很多案例，上网找一下就有很多。我希望大学生创业者多看看这方面的案例，思考一下：哪些大学生创业者的公司生存下来了，它们生存下来的经验是什么？哪些大学生创业者的公司消亡了，他们失败的教训又是什么？像这些成功或者失败的案例，一定要多看几个，才有感觉。

我认为，如果大学生创业想要提高成功率，一定要做好以下准备：

（1）大学生要对自己的创业想法进行分析整理，看看自己还缺少哪些条件和资源。比如，创业的启动资金能否到位，创业项目的商业模式有没有问题等。

（2）大学生要找到自己的好搭档或者团队，现在的创业已经不是单打独斗的时代了，创业不但需要合伙人，更需要团队，大学生创业也是如此，找对人，才能做对事。

（3）大学生要对自己所能提供的产品和服务进行一系列的优化。确保在创业的时候能够落地，只有产品或者服务能够符合市场需求，才会有未来。

（4）大学生要提前做一些市场调查，只有找到自己的产品或者服务目标客户是哪些，才能更好地满足他们的需求，才能更好地创造自己的业绩。

我的总结：对于大学生来说，思维和认知直接决定了大学生的未来方向，敢于从底层干起，积累经验；当你的能力改变不了环境时，那么请你先学会适应环境，学会换位思考，尝试一下在逆流中锻炼自己，成为一个有主见的人，并在合适的时机把它彰显出来；面对创业所反馈的一切，要学会及时总结得失，保持一个良好的心态，宠辱不惊，不断完善，一步一步迈向成功。

12. 创业者要有输得起的心态

创业路上是没有一帆风顺的，总有起起落落，不犯错是不可能的，有时候要有输得起的心态。某个阶段性的挫折，要分清这个是偶然事件还是必然事件，想清楚后就要采取相应的行动，有足够的勇气去面对！错了就改，输了再来，最后总有机会再赢回来。如果一个创业者是一个输不起的人，就会因为不敢面对现实而一直错下去，越陷越深，最后无法自救。我认为一个输不起的人也是一个赢不了的人！其实，认错并愿意付出代价和承担责任，是让你可以失败多次而不会倒下的黄金法则。

一个创业者在创业过程中碰到问题的时候，最重要的是去分析问题，并找出解决的方法，这是一个很简单的道理！但是在实际行动中，要做到这个并不容易，因为很多时候，人们在碰到问题，特别是大问题的时候，总是会有一些情绪存在，这些情绪往往会影响人的判断。另外，还有一个是自身的认知层级，以及惯性思维的存在，比如说，我的工厂关闭后，不但有很多的债务，每个月还要付很多利息，如果在那个时候，我有输得起的心态，勇敢面对，我最应该做的事情是还本金，唯有这样才能让自己进入良性循环，而不是去借债重新进入一个高投入的行业。然后，在进入这个行业后，又要借债来维持运转，这样的结果，是花了一大堆时间和精力，去还更多的本金和利息。所以，实践证明，创业者要拥有输得起的心态，才不会一错再错，在创业路上才能走得更顺利。

13. 关于焦虑

在这个快节奏的都市环境中，很多人已经习惯于紧张，以至于不紧张对他们来说也成了另一种形式的紧张，这其实是焦虑。

《数理情感学》对于焦虑的定义是：人对现实或未来事物的价值特性出现严重恶化趋势所产生的情感反映。是指个人对即将来临的、可能会造成的危险或威胁所产生的紧张、不安、忧虑、烦恼等不愉快的复杂情绪状态。简单理解：焦虑＝关切＋威胁。

创业路上有焦虑是正常的，知道如何应对焦虑才是关键的问题。在创业的每一天，每一步都会产生各种问题，尤其是在收入没有达到理想状态的情况下。焦虑的情况，我们要分为正反两面来看待，从正面来看，创业者的焦虑恰恰会成为前进的动力。适当的焦虑能够让创业者时刻有危机感，并不完全是坏事。

创业者如果是适度的焦虑，那么积极地把焦虑化为动力，在创业的路上披荆斩棘，解决一个又一个的困难也不是坏事。但如果过度焦虑的话，则害处非常大，首先是每天都活在恐惧中，压力很大，很迷茫，影响执行力，然后是影响对现状的判断，本来你的企业刚好是陷入黎明前的黑暗，假如判断失误，很容易中途放弃。创业者要想防止过度焦虑，就要搞清楚焦虑的原因是什么，然后想办法去解决。假如是公司业绩下滑得厉害，或者公司一直没有收入进账的话，我们得积极去查找原因，是找不到客户，还是手上有客户一直没人买单，还是有客户买单但都是亏本做的。

我们在创业的路上，最多的情况就是明明方向选择得没错，但干了几天，没有得到及时的反馈，就开始产生自我怀疑。一开始激情满满，没有及时赚到钱就会七想八想，是不是方向错了，是不是没有找到捷径，是不是自己能力不行。越想越焦虑，越焦虑激情越少，最后慢慢把激情给磨灭了，项目也就放弃了。在创业的路上，解决焦虑最好的办法，就是在迷茫的时候，多走出去找朋友聊聊天儿，大家互相鼓劲，要不就是多看一些书，提高自己的认知水平。

当我们累了的时候，一定要记得休息，因为创业玩的不是百米赛跑，而是一场马拉松比赛，不要求跑得快，而是比谁能到达终点，谁就能笑到最后，我们需要每天空出一点休闲时间，给自己解解压！比如周末爬山，或者出去打场羽毛球什么的。最后，创业者要明白创业目标是什么，如果是在赚钱的同时，创业的项目也是自己的兴趣，那么每天做着自己喜欢的事，即使一时没有直接回报，但依然会做得很开心。

人生最大的敌人其实是自己，如何摆脱焦虑情绪，对于创业者而言是一个课题，如果不能调整自己的焦虑状态，创业之路将会变得艰辛无比。

总结一下，焦虑本身是人类一种正常的情感反应，但是过度的焦虑或过弱的焦虑就会形成情感性或生理性疾病。

神经科学研究表明，运动可以刺激大脑中一种化学物质——内啡肽——的分泌，它能使人的身心处于轻松愉悦的状态中。从功能上讲，内啡肽除了能够缓解疼痛，还能调整不良情绪，使人身心愉悦，抵抗哀伤；改善失眠；调动神经内分泌系统，提高免疫力；振奋精神，激发创造力和改善工作效率。很多人在心情不好的时候不愿动，但躺着瞎想会让你的心情更糟，建议精神状态不好的时候，更要动起来。

希望所有的创业者，正确应对焦虑问题！即使没有情绪心理问题，也应养成运动的习惯。在日常的工作和生活中，我们都会有大大小小的压力，这些压力对我们心理状态的影响是潜在的，很难被察觉到的。定期的运动可以帮助我们释放每天积压的负面情绪，摆脱焦虑困扰。

14. 关于创业压力的思考

压力变成动力，这个我从小就听着长大的话，其实是有它的不同的使用场景的，适当的压力会使人奋发向上，而巨大的压力却让人无法做事，连睡觉都睡不好，只会让人颓废！两种情况我都深有体会，刚创业的时候，我的衣食住行是有保障的，手头有余钱，家里老人身体还挺好，刚结婚还没有孩子。所以，压力就是单纯的工作压力，简单来说就是赚多赚少的压力，而这个赚多赚少的压力不会影响到我的生存。因此，我也是在适当的压力下，每天生活积极向上，以我的理解，这也算是"蜗牛式创业"的一种吧。我也是在这种创业状态下，将事业一步步做大，从没有店铺到有一个小店铺，从小店铺到大店铺。但是当我办厂后，压力情况就出现了巨大的改变，因为办工厂这件事情超出我的能力范围，所以我为了办好工厂，忽视了很多东西，比如家庭的和谐、对孩子的教育、对父母的照顾、自己的身体健康和心理健康。当这些因素再加上事业的受挫和资金的缺口，我就不再是真正的我了，在巨大的压力下，我的工作状态已经变成无所适从，颓废和茫然。

回想我关闭工厂前夕所面临的极大压力，交不起贷款利息，无法支付货款，吃饭都要借钱，孩子读兴趣班没有钱交，电费扣款失败，跟朋友借钱周转到期还不了，每天拆东墙补西墙，这样的情况下，根本无法做到调整自己的情绪，放松心情。所以，与其研究如何面对这种压力，不如想想如何才能避开这种压力。每年都有不少人，因为创业压力而走上绝路，这是面对创业压力最糟糕的选择，我认为造成这种最糟糕局面的创业者，除了有些是精神方面的疾病无法控制外，更多的是不敢面对现实。"面对"这两个字，写起来如此简单，但是在一些创业场景中，这两个字有如万斤重担。关于这种场景，我就认可这几句俗话：好死不如赖活着；留得青山在，不怕没柴烧；大丈夫能屈能伸。

关于创业压力的来源，主要是两种。

第一种是客观的压力。比如行业变化带来的压力，或者是政策性调整带来的压力。举个例子，从2020年开始，拼多多、美团、阿里、滴滴等各大巨头进入社区团购这个行业，疯狂的亏本补贴，将整个行业弄得哀鸿遍野。假设某个创业者经营的一个小平台受到这样的冲击，所面临的压力就是行业性的。再比如2021年的"双减政策"对于教培行业的影响就非常大，很多培训机构因为这个政策处境艰难。我认为，创业者如果经营的企业不能适应这种客观环境的变化，就不要给自己太大的压力了，也不要太纠结了，换个行业重新开始吧！毕竟谋事在人，成事在天。

第二种是主观的压力。这主要是创业者个人原因造成的压力，比如生意的过度扩张，或者是因为创业者进入新行业。对于这种主观的压力，我想到一句老话：解铃还须系铃人。因为行业没有发生大的变化，而创业者却在经营中不顺利，主要问题还是在于创业者没有适应市场的变化，这个只能靠创业者快速进化，找到压力点，然后解决它。比如说，创业者进入一个新行业，按照事物发展的客观规律，这位创业者肯定会犯错，但是创业者又不允许自己犯错，因为这个试错成本不是自己能承担的，于是力求完美，不但要求自己每一件事情做完美，而且还不允许别人出错，但这样又很难做到，所以内心总是充满各种负面情绪，产生了巨大的压力。这个时候，压力点就是创业者的不理智，创业者要减少这种压力有两种办法，要么放弃进入这个新行业，要么允许自己犯错。

综上，我分析了客观压力和主观压力两种情况，是希望创业者能够明白自己所面临的是何种压力，并找到相应的解决办法，减少自身压力，保障创业工作的顺利开展。

对于解决创业者自身压力这件事，我认为预防重于治疗，我的建议是创业者在创业之初就要给自己定下一个好的创业方式，比如"蜗牛式创业"，从源头减少自身的压力，而不是创业开始就蛮干猛干，给自己一堆压力点，然后又在后期试图以调整自己心态的方式来减少压力，这其实是治标不治本的愚人之举。比如：一个人在面临破产压力的时候，要他保持微笑，保持昂扬的斗志，是很难的；一个重病的病人，你要求他要笑，要保持乐观的心态和你说话，确实有点残忍。我不否认保持乐观的心态对于减少压力的作用，但我更加认可从源头减少压力点！

15. 有一个事实：一个人不管多聪明，一定会犯错

关于一个人一定会犯错这件事，很多朋友会认可，但并不知道这句话对自己而言有什么意义。我认为如果一个人真正明白了这个道理，那么，就要学会谦卑，因为每个人都会犯错，这就意味着我们在对待别人犯错的时候，要学会去宽容、去理解，而不是去指责、去嘲笑，或者是看到别人的过失后，自以为是地去讲一堆你认为很有道理而其实毫无意义的观点。我作为一个四十出头的人，创业也有十几年了，我见过很多自以为是的人，我本人也曾经是一个自以为是的人。我总结自以为是的人有几个特点：第一，喜欢将自己的经验强加到别人身上，认为别人犯的错，都是因为跟他不同而造成的，只要和他相同，问题就解决了；第二，将自己的幸运当成自己的能力；第三，非常浅薄，喜欢单纯从目前所见的结果来评论，而不是尝试对将来可能会发展的趋势去做判断。我们对自以为是的人说的话就没有必要太在意，因为不客观的评价其实对于我们改正错误是毫无益处的。

客观来说，创业过程中犯错是无法避免的，我们学习的根本目的不是为了追求完美主义式的不犯错，而是为了在犯错的时候能够尽快脱离出来，以免深陷泥潭。在创业的过程中保持好的心态是确保创业者可以从零到一、从小到大的重要因素，一个优秀的创业者，绝对不是一个担心犯错误的人，而是一个可以在错误中不断进化自己的人，在创业中坚持实事求是去做事，而不是为了所谓的面子或者为了所谓的随大流而迷失自我。鲁迅讲过，世上本没有路，

走的人多了，也就成了路。有些创业暂时失利的朋友，也不用太过自责和难过，其实换个角度来看，如果自己的创业项目有问题，或者是自己操作的方式有问题，这个让人不爽的结果晚来还不如早来呢。我们可以重新再来，相信自己，更要相信你自己经历过的苦难，并不是每个人都经历过，你自己就像是出了一次天花，已经有了这方面的免疫力，而没有经历过的人依然还是没有免疫力，在这个残酷的市场竞争中，一个有免疫力的人肯定比一个没有免疫力的人更加有竞争优势。

在创业的这个过程中，一个创业者一定会面临人算不如天算的事情，有很多事情会超出自己的想象，这就是意味有了失败的概率，在面对失败的时候，即使有好人给你指一条明路，但是局限于当事人的认知水平，也不一定会认同，于是会继续犯错走弯路，这条弯路会走多久，取决于当事人认知水平的提高和对于自己的反省。在这样的一个过程中，其实主观和客观原因都是存在的，一个人想做得更好，但并不一定能好，即使他做对了，客观环境发生变化也会产生很大的影响。比如新冠疫情的暴发，导致很多企业最后以关闭而告终，如果我们将这些关闭企业的老板看成是一个因为游泳而溺水的人，在他溺水的时候，一个根本不懂游泳，就连下水学游泳的勇气都没有的人，在旁边高谈阔论他的经验之谈，又有几分的可信度呢？

总结一下，创业路上，肯定会犯错，错了就改，没什么大不了，我们无法阻止自己犯错，最多是控制自己犯错的次数以及程度，学会在错误中成长是每个创业者必修的一堂课。

16. 有些"套路"就是你知道了，也很难抵挡

在我国古代，有"二桃杀三士""围魏救赵""推恩令"等这些流传千古的"阳谋"，所谓阳谋就是将自己的目的和所有谋划全都放在明面上，而且不怕对手知道内情，因为就算对手知道这是已经被设计好的，也只能进入，别无选择。比如"围魏救赵"，魏国的庞涓明知道这是孙膑的计策，目的就是要他放弃攻打赵国，但是庞涓却别无选择的余地，因为自家国君被围困，救自家国君肯定比攻打一个城池要重要，所以，这就是"阳谋"的妙处，明知被算计了，也不得不为之。自古商场如战场，创业者如果能够在创业项目中做到消费者的心甘情愿，那就不用担心创业失败了。

在这个信息化时代，有些创业者还想着自己的创业项目有一些什么独家招式，就可以高枕无忧了。我认为这是不可能长久的，因为世上就没有不透风的墙，即便是创新的产品，也会很快被抄袭或者仿制，何况普通产品或者服务，有些创业者想用某种产品或者服务保持长久的竞争力，这是一件很难做到的事情！唯有这些产品或者服务，很难被模仿或者避开，这才是真正的竞争壁垒。我举个例子。大家在网上某宝买东西，虽然大家知道排在前几页的那些商家都是通过竞价排名上来的，价格和质量不一定是最好的，无非是广告费给得多就排在前面，但是知道了又怎么样呢？你就不从排在前几页的商家处买东西吗？比如，家里要买一个垃圾桶、一瓶洗洁精，很少有人会翻三四十页去找的，估计翻三四页的人都不多，我认为这就是平台做生意的高明之处了，很多东西你知道，但就是避不开。很多创业者应该学习这个思路，就是根据市场和客户的情况制订一套独有的经营方式，这个经营方式是一个看起来简单但是做起来有难度的方式，这样对于保持客户的长期黏性，避免市场竞争者的恶性竞争有极大作用。

17. "久病成医"的经验有何意义和价值

久病成医，意思就是病久了对医理就熟悉了，比喻对某方面的事见识多了就能成为这方面的行家。我认为在创业方面，我也算是"久病成医"了，因为我在创业的过程中看过很多创业者"飞黄腾达"，也见到太多的创业者"兵败如山倒"，别人的案例加上我自身的胜与败的经历，我对于创业的了解比很多人会多一些。因为我在创业过程中碰到的很多事情，其实都具有一定的普遍性。比如：创业者可能会碰到竞争的问题、负债的问题、创业方向调整的问题、财务的问题、法律方面的问题，这些都是一些创业常见的问题。我碰到这些问题如何处理的思路对其他创业者肯定有参考价值。当然，我并不是说其他创业者一定要采用我的方法，但是我采用的方法以及产生的结果可以启发其他创业者解决类似问题。这就好比我生了"某种疾病"，我怎样对症下药去治愈，还是用错药方导致病情恶化，对于"有兴趣了解相关疾病的人"都是有参考意义和价值的。

总结一下，我分享创业经验对于很多从未经历过创业的朋友有"未雨绸缪"的作用；对于经历不足的创业者有"添砖加瓦"的作用；对于创业经验相当的创业者则有"提醒"的作用；对于经验比我丰富的创业者，则大可将我当成一个"创业失败"的案例进行分析，毕竟，我的"病症"也有一定程度的普遍性，以及自身特点所导致的特殊性。

在这里，我想通过这个鉴赏文物的小趣事来说明"久病成医"的道理，趣事的主角是国学大师王国维和作为学生的末代皇帝溥仪。有一次，王国维邀请溥仪到家里做客，两人聊了很多话题，王国维还拿出了自己的藏品给溥仪观赏。溥仪觉得这些东西不是真品。王国维对溥仪的话也是将信将疑。后来，王国维的几位鉴别古玩的朋友也说是假的。待再次遇到溥仪，王国维便问溥仪是如何看出的真假。溥仪说："我完全不懂你们鉴别真假的那套方法，我就是掂了掂，看了看它的样子，感觉和我家里的那些不一样。"这个小趣事给我们的启发是有亲身经历的经验有些时候比纯粹讲理论靠谱多了。虽然理论是由很多实践经验总结而成的，但是并不是每个人都能深刻理解理论的，对于大多数人来讲，自己亲身经历和看到别人的亲身经历所学习到的经验比去研究理论要更有用一些。所以，我想告诉创业者：一定要多跟有经验的创业者交流，多了解别人的经历和经验教训，这些将会帮助你更快成长！

"二战"期间，为了加强对战斗机的防护，英美军方调查了作战后幸存飞机上弹痕的分布，决定哪里弹痕多就加强哪里。然而统计学家沃德力排众议，指出更应该注意弹痕少的部位。因为这些部位受到重创的飞机，则很难有机会返航，而这部分数据被忽略了。事实证明，沃德是正确的。我认为，考虑创业的问题和考虑这些幸存飞机的问题，思路上是一样的。比如，沃德能够在看到幸存飞机的同时，想到那些因重创而没有机会返航的飞机。这一点，我认为沃德值得所有创业者学习。我们创业者也要在看到创业成功者的同时想到创业失败者，明白创业并不只是"成功"一个结果，还有"失败"这个结果，而"久病成医"的创业者就是经历过创业失败、思考过创业失败并最终形成自己独立判断思维的人。多跟这类的创业者交流和沟通只有好处，如果坚持这样做，将会让自己的企业少走一些弯路。

三、创业洞见篇

1. 原则的重要性

原则性，我在这里指的是各行各业都存在的一个客观规律。作为创业者，各个行业的客观规律是不以创业者的意志为转移的，不管你用什么方法，怎样用跨界思维，这个行业的某些特点，我们只能去适应它，而无法去改变。举个例子，快消品行业，永远是销量排在第一位，薄利多销，有量才有利润，这个特点是无法改变的。比如一瓶500毫升的矿泉水，在普通市场的终端（不含景点、机场等特殊场所）零售价大约2元，这是大众消费的价格，同容量的依云矿泉水可以做到售价为12元，这已经是流通市场中最高端的矿泉水了，这个价格也基本上是天花板了，所以，如果一个创业者要卖矿泉水，就必须明白，无论给这瓶矿泉水做多好的包装，弄一个多么高端的水源地概念，或者赋予这瓶水其他特殊性概念，都很难将水在终端大范围批量卖到一瓶50元的价格，即使在某些场所能卖到这个价格，但是肯定没有销量，平摊下来水的配送成本也不会合理，根本无法作为一个商业模式存在。曾经有一个主营房地产业务的大公司推出了一款定价5元的矿泉水，即便以一个房地产商的资源和实力去运营这款水，广告牌到处可见，请了大明星作为广告代言人，还是没有打开市场，最后降到2元。这也充分说明了快消品行业对于价格的敏感性。

再举一个例子。我现在从事的是关于学历提升和行业资格考试的教育培训行业，这个行业有以下的特点：每张订单的金额较大，基本是几百元几千元；属于低频消费，终端客户一辈子也就合作那么几次，想长远发展就要做好口碑相传和找准目标客户；服务周期长，比如考教师资格证服务周期要一年左右，而学历提升的服务周期则长达三年；目标客户群体的特点比较鲜明。综合以上特点，试问，这个教育服务能用快消品的方式进行销售吗？答案是否定的。比如，我需要为一个客户提供三年服务，薄利多销，只收客户30元，那光支付教务人员的费用都不够，更不要说还有其他的服务。所以，这个行业只需要一个相比同行更有优势的价格，另外做好服务，再赚一个口口相传的好口碑。

所以说，每个行业都有自己的特点。创业者对所处行业一定要有深刻的认识，做出的决策必须符合这个行业的原则，对于原则性的问题，要有敬畏之心。

在创业的过程中，创业者要及时地复盘和调整，这将会极大地提高创业的成功率。我自己的亲身体会是我们有时候会生活得太自我，经常控制不了自己的情绪，有时候即便是认识到自己的错误，也会给自己找一大堆借口和理由，不去改变。为了面子？为了情绪的惯性？我想起哲学家培根的名言：使人们宁愿相信谬误，而不愿热爱真理的原因，不仅由于探索真理是艰苦的，而且是由于谬误更能迎合人类某些恶劣的天性。在这里，我建议大家看一看稻盛和夫的《活法》，还有瑞·达利欧的《原则》这两本书，相信对大家会有启发的。

2. 从时间和生命的角度理解创业中的"不平等"和"平等"

当说到创业的"平等"和"不平等"时，我相信大多数创业者会倾向于认为"不平等"，很多人都认为自己受委屈了。这是因为创业者已经遭遇了太多"不平等"的事情，比如，一个经营照明工厂的朋友跟我讲，他本来出货量很大的一款灯具产品，因为一家已经上市的照明企业也推出了同类产品而导致出货量暴跌，为此，他花大量时间细致地了解竞争对手，结果让他感到很绝望。因为他发现这家公司推出的这款产品无论从成本控制（采购量大，成本低）、销售渠道（大公司的销售网点多）、销售价格（低价竞争）、人员投入（兵强马壮、全国同步促销）、品牌优势（上市公司大品牌）等各方面都做到了极致，他感慨自己是一个小厂，"胳膊拧不过大腿"，只能无奈地面对惨败，所以，他不相信竞争有什么"平等"的存在。

杰斐逊在《独立宣言》中写下的"人人生而平等"流传天下，影响深远。以前，我对此句一直表示不屑：法律面前可以人人平等，但是人人生而平等，这不是瞎扯嘛！难道富二代创业和工薪阶层创业是平等的吗？随着年龄的增长和社会经验的丰富，我认为不能用单纯和绝对的对错来衡量这句话，而是要看这句话的意义。这句话是从一个更高的纬度去理解人与人都拥有"平等"属性的。首先，我们每个人都是出生和生活在这个地球上的；其次，我们作为生物人，每个人的生命都是有限度的，谁都不能永生；再次，每个人出生时都像一张白纸，对事物的认识都有一个从无到有的过程；最后，我们每个人每天的时间都是 24 小时，谁也不会多一秒。充分理解"人人生而平等"对我们的创业有什么意义呢？我认为只有了解到人与人之间的"平等"，才能明白人与人之间的"不平等"，才能理解"不平等"中存在"平等"的这个理念，才能真正洞察创业中所碰到的问题实质。

举个例子，假设现在一个实力强大的市场占有者 A 和一个实力较弱的后来竞争者 B 在同一个市场竞争，我们该如何分析这两者的竞争呢？我认为这两者竞争的结果，A 的守和 B 的攻，都各有胜算的可能，客观来讲，A 赢 B

确实是概率大一点，但是 B 如果能够针对 A 自身所拥有的优势和存在的弱点去做战略和战术调整，那 B 赢 A 也是可能发生的。比如长颈鹿的脖子长，它自身所拥有的这个优势让它可以吃到高处的树叶，让它生存了下来，但是长脖子优势也有它固有的弱点，为了给处于高位的大脑供血，长颈鹿是天生的高血压，这也导致它不能长时间奔跑，否则会因血压升高而死亡。狮群就是利用长颈鹿的这个缺点，追着它跑，最后在它跑不动的情况下群起而攻之。言归正传，假设 A 和 B 在一个市场上竞争，先排除各类低概率事件或者极端情况的发生，如 A 在竞争中突然破产或者 B 是天才之类，关于 B 如何赢 A，我做以下分析。

首先，我们来分析 A 和 B 的相同点：每天 24 小时的时间总量是一样的；他们的精力虽然不同但都是有限的；他们拥有的资金虽然金额不同但都是有限的。不同点有：个人认知水平、自身行为习惯、可支配的资金、社会资源、实际可支配时间、个人意志力、对目标完成的渴望等。

接下来，分析 A 和 B 的优势和劣势，以下分成五点做可能性分析。第一，优势强并不代表能够全盘通杀。A 的资金实力强，他在市场竞争中的产品线拉得太长；B 由于实力不强，只做一到两个产品。虽然 A 比 B 在产品方面的总投入大得多，但是按照分摊下去的那一两个产品，B 的投入可能比 A 的要多，自然，B 的产品也比 A 的产品打磨得更好，也更加有竞争力，这就是局部优势。第二，A 和 B 对市场的态度不同。A 因为占有市场的大部分，少一点不会有什么生存影响，而 B 是后来竞争者，不占有市场就意味无法生存，B 对 A 将进行背水一战的竞争，然而 A 只是将 B 当成一块硬骨头，因为 A 在局部即使赢了也不会收获很多，还有可能影响到其他方面的盈利，因此并不会全力投入。第三，A 和 B 花在这个市场的时间不同。A 的时间要分散到整个市场，无法将时间全放在一个局部市场，而 B 只能将时间全放到一个局部市场。第四，A 和 B 花在这个市场上的精力是不同的。A 的精力是花在整个市场，而 B 的精力是花在局部市场。第五，A 和 B 对产品的认知层次不同。A 虽然现在的规模比 B 大，但有可能 A 的产品理念适应以前的市场需求；B 的产品虽然现在还不完善，但可能适应现在或者未来的需求，市场占有率也有可能越来越大。上面这五点说明，A 和 B 在竞争上，各有其优缺点，A 可能打败 B，但 B 不一定竞争不过 A。

最后进行一下小结，我假设 A 和 B 两者竞争的例子其实是给创业者一个朴素的竞争思路，在激烈的市场竞争中，处于优势的创业者不要过于自大，要

蜗牛式创业

明白居安思危，而处于劣势的创业者也不要被眼前的危机吓倒，要看到危险下面隐藏的机会，市场竞争一定要明白"不平等"中存在"平等"的这个理念。其实大到公司，小到个人，这个理念是可以通用的。比如，我们不但经常见到大公司在市场中利用自身优势将小公司"拖死"的例子，也经常见到某个行业的巨头给行业的后来者让路的例子。比如某个国内的社交软件巨头，它靠第一代和第二代的产品成就了它的巨头地位，它旗下的几个产品长期包揽了"用户时长"的前三位，但是这几年，有另一家公司的新社交软件发展迅猛，居然在"用户时长"中占到第二位，这也是后来者居上的一个例子。

我们每个人一天的时间都是24小时，如果可以将人的时间比作实物的话，每个人的时间就好比一块平地，每个人都是在这个平地上给自己挖坑，然后将挖出来的泥土堆成自己想要的高峰。客观来说，如何使用时间也就成了人和人之间差别的重要因素。举个例子，甲的事业是研究机器人，他不甘平淡，想要将自己的事业推上一个高峰，他将所有的时间和精力都用在了这个机器人项目上，后来甲在这个机器人项目上取得了多项专利，成了机器人行业的专家，但由于这么多年高强度的研发工作，他忽视了身体健康，最后得了不治之症，英年早逝。我们来分析一下：甲的时间都用在研发，建立了他的高峰，但他只是一心建高峰，过度透支了自己的身体，因此就出现了不健康这个低谷，他为了使事业高峰变高，就通过透支自己身体健康的土去堆高它，最后，高峰确实变得很高，但也意味着给自己身体挖的坑更深了，这其实也是"不平等"中存在"平等"的一个体现。《此生未完成》的作者于娟，是一名学霸，三十岁就博士毕业，执教于复旦大学社会发展与公共政策学院，可惜她在三十二岁的时候就因癌症去世了，她生前学习能力超强，在读博士的时候日夜兼程，连博士都能早一年毕业。后来她生病"反省自己"为了一个不知道是不是自己人生目标的事情拼了命扑上去，"不能不说是一个傻子干的傻事"，也明白"人应该把快乐建立在可持续的长久人生目标上，而不应该只是去看短暂的名利权情"。

时间对于每个人来说是最"平等"的，因为它拥有不可再生、有限性、不可储藏的特点，所以，我们在生活中某个领域的成就总是需要以牺牲另一个领域作为代价。在时间这个问题上，我认为最适合用"舍得"了。只有舍才有得，想要得也必须舍，在"舍"和"得"之间做出选择，可以"舍去"什么之后"得到"什么,也就成为人与人之间差距的重要因素了。这个是创业者必须深刻了解的道理!如何平衡高峰和低谷,这就需要创业者的智慧了。

从这方面去分析,每个创业者都要反省自己在创业过程中究竟失去了什么。是不是自己可以承受的东西,如果连失去什么都想不明白,那么这样糊涂的创业者即使创业成功了,也不会得到幸福。建议创业者想明白了这个问题后,再去创业。如果衡量以后,发现在创业的过程中失去的东西比自己创业得到的东西更加珍贵,就要趁早打消创业的念头,否则花了很多工夫后发现南辕北辙,得不偿失。

总结一下,我这一部分重点从"时间"和"生命"这个角度去说明了创业中基于"不平等"中存在"平等"的这个理念,希望能够帮助创业者更从容地面对竞争,另外也帮助创业者思考自身如何"舍得"。作为创业者,我们在创业过程中,要经常问问自己创业是为了什么,在创业中做出的任何决定都要符合这个长期目标,这样才能准确"舍得",有利于创业的顺利进行。

3. 创业者要找细分市场,错位竞争的成功概率更大

创业是一个不断试错的过程,创业者根本没有办法完全按照某人的成功经验去创业,而是需要根据自身情况对创业计划做调整。举个例子,很多创业者在创业之前,是某个公司的员工,不满足于现状,出来创业,往往还带了几个人出来,做和原来公司一样的产品或者服务。这看起来成功的概率很大,但是很多最后却以失败告终。这是为什么呢?问题就是出现在复制上面,如果简单地将原来公司的经验粘贴在现有公司上,那是必死无疑的。因为原来的公司在它所在的行业已经稳定,有了自己多年的积累,在业界也有自己的关系和地位了,即使有一些产品的性价比不高,但出于各种各样的原因,客户还是会选择相信它,跟它继续合作。而作为一家新公司,存在众多的不可预测性,这就导致了很多看起来很难理解的事情发生,比如新公司的产品比老公司的性价比更高,但是客户还是选择老公司。这个客观情况也导致很多创业者的心理落差很大,如果创业者能够适时调整自己,找行业的细分领域去做,则成功的机会更大。

细分市场,是指营销者通过市场调研,依据消费者的需要和欲望、购买行为和购买习惯等方面的差异,把某一产品的市场整体划分为若干消费者群。

每一个消费者群就是一个细分市场，每一个细分市场都是具有类似需求倾向的消费者构成的群体。

创业者在细分市场切入赛道的关键要领：

（1）创业者要锚定品牌人群，比如成为新消费时代主力的某类人群。

（2）创业者要选定一个细分赛道切口，打造差异化，高效提供市场价值。

（3）创业者要做精细化运营，在某个细分品类中占领用户心智的第一位。

（4）创业者要借助某品类第一的品牌认知，再做相关品类的拓展。

如何快速进入细分品类市场？还有简单方法，这个方法分两步：第一步，我们要关注主流市场上的两种消费者（过度满足型和欲求不满型）；第二步，以他们需要的主流产品和需求为基准，对产品的功能或属性进行调整，从而更好地满足消费者的需求。比如电动工具百得、当年破坏传统书店的亚马逊、打印机行业的施乐等，这些公司都看到了主流市场对客户的过度满足，于是纷纷降低产品功能（或体验、属性等），让消费者减少支付不需要的功能溢价，从而取得小众市场的成功。

总结一下，创业者只有先进入细分市场或者小众市场，才能慢慢渗透到主流市场。这其实是一个有效地从小变大的过程，但很多创业者却不肯从小做大，而是直接进入主流市场，导致产品销量和认知度都很低。因此，我认为创业者需要改变这种还没有立足市场就想做强做大的浮夸思想，踏踏实实地将细分品类做好，取得小众市场的成功。

4. 自动门的关闭，与我何干？

生活中的一个细节有助于我们反省自己创业的心态。对于居民刷门禁卡打开自动门并进入小区的场景，大家应该都很熟悉。仔细观察，这个常见且简单的生活细节，不同人是有不同选择的，比如，前面一位居民很从容，走到大门跟前，才掏出门禁卡，刷卡进入；而后面一位居民虽然身上带着门禁卡，但看到十米外的大门即将关闭，非常着急，立即以百米冲刺的速度跑过来。这种情况下，运气好的，刚好冲进去，运气差点的，不但没赶上，可能还会摔跤、受伤。这种匆忙跑进门的现象的背后就是"稀缺原理"在起作用，从心理学的角度看，也可以称为"物以稀为贵"的心理。研究表明，物品的稀缺性和唯一性会提高其在人们心目中的价值，对人们更有吸引力，同时，越是难以得到或者得不到的东西，越能激起人们的好奇心和占有欲。就像那个冲进门的人一样，真正激发他的稀缺感的正是那扇缓缓关上的门，对他来说，那扇门就像一个要消失的机会，让他有了一种要失去某种事物的恐惧感，而这种感觉就能激发他的行动力。

这个原理在商业销售方面的应用，就是有些商家会刻意制造一种稀缺的现象，让客户因为促销时效变短或者商品数量变少而争先恐后地去购买，担心以后买会付出更多的代价或者再也买不到。所以，很多销售人员也很善于把握客户的这一心理，从而适当地对目标客户做一些小小的"刺激"，达到他们的销售目的。

"稀缺原理"和创业有什么关系呢？在创业中，很多人有搭便车的心态，什么这个风口那个风口，其实哪有那么多风口？"风口论"让很多创业者变得更焦虑了，让他们在焦虑中变得冲动和盲目，最后亏了钱。比如，有些创业者碰到一些披着"风口"外衣的传销公司，导致深陷其中。如果创业者不能给客户提供有价值的商品，老是向风口追，是不会有未来的，且不说我们无法判断很多所谓的风口的真真假假，即使是真的，但凭自己的实力是不是能抓住呢？风口和自身能力的匹配性也是一个重要的问题。作为一个创业者，如果不能把心定下来，不明白自己究竟要做什么——就会像那位小区居民，明明自己身上有门禁卡，门是否关上跟自己没有多大关系，完全可以按照自己的节奏来走路，但一听到人家讲什么风口，就会全力追赶，以搭便车的心态让自己摔了跤。

总结一下，创业者需要明白"稀缺原理"的客观性，不要盲目追风口，对于风口必须保持冷静的思考。创业成功与否的本质就是能否解决一个又一个的痛点，这个痛点越大，市场越大，你解决这个痛点的方法越好，你的公司就能活得越好。创业者把自己该做的事做好了，就会成为风口，因为创业者就是造风者。只要把自己的能力发挥到极致，就是最大的成功。当你做到极致的时候，你就能召唤风。因此，创业者要找到能真正驾驭的东西，千万别被他人影响了节奏。查理·芒格的话更简单地说明了这个问题，"在能力上没有提高，只执着于自己的欲望，往往最后面临的是万丈深渊"。

5. 所谓创业成功的捷径就是少走弯路

目前，充斥市面的各种成功学、管理学著作，大多是站在成功者的角度谈成功,但这些创业成功案例只有一定程度的借鉴性,却没有普适意义。也就是说,成功一般意义上很难复制,适用于别人的东西,不一定适用于你,你亦步亦趋地跟在后面,是没有什么新意和机遇的。还有一些传授这技法那诀窍的书籍,技巧性有余,思想性不足,看了之后,道理很好懂,但套用到现实工作和生活中来,就如东施效颦,让人笑掉大牙,不一定行得通。这是为什么呢?主要是具体情况和环境发生了改变。你只了解了"术",却没有掌握创业生存的"道"。"术"只能解决某个具体的问题,若能深得"道"的要义,融会贯通,可破解类似的一系列问题。

要想在这个成功概率低的运动中胜出,要尽量早点悟"道",寻到那不容易被发现的"通往崖顶的羊肠小路",少走或不走弯路,才是最佳选择。很多时候,我们总是把事情想得过于复杂,因不得要领、道路曲折艰难,而苦恼彷徨。其实,通道和捷径确实存在,只不过我们总在幻想奢望成功后的辉煌,因此被蒙蔽双眼,而没能清醒地找到通往目标的"船"和"桥",走了太多的弯路,浪费了宝贵的光阴和精力。

选择走崎岖的路,是无奈的一种积淀。走捷径,不走或少走弯路,算得上是一种技巧。尽管这世上,崎岖之路多,捷径少,但我们还是要变得聪明点,少走或不走一些没有必要的弯路,就能打开创业的一片新天地。

我深感,一个人的成就,跟年龄、学历无关,跟经历有关,而且最根本的是取决于经历之后做了什么——究竟有没有去思考、去悟,有没有即刻采取行动。

走弯路的原因是什么呢?我认为主要在于创业者在自身认知不足的情况下急于求成,没有做好全盘考虑就快速切入一件事情,导致走了弯路。

我们的创业本来可以更顺利一点,但是受自己有限的认知和固执的想法影响,逐渐迷失了方向。

打个比方,我们要拿起筷子吃面条,但找不到筷子,就跑到超市去买,然后纠结于到底是买木筷子好还是金属筷子好,等最终选择了木筷子,又感觉还是金属筷子好,虽然贵了一点,但是卫生、不容易滋生细菌,带着犹豫和不爽的情绪回到家,洗干净筷子要吃面的时候,才发现面已经凉了,已经成了一团面疙瘩了,这个时候终于回想起来,自己做这一切不就是想吃一碗面嘛,而现在的面条已经不再好吃了。再反思一下,自己究竟干了什么。初心是好好吃一碗面，可是花了这么多时间去买筷子，心里居然还在纠结什么筷子好；还有，为什么在没有找到筷子的时候，不直接找个叉子或者勺子来用呢，它们也是可以用来吃面条的。

创业中是不是常有这种类型的事情在不同时间段以不同形式出现呢？这就是弯路的一种。在此抛砖引玉，希望能就这个问题引发各位创业者的思考。

6. 一定要防范"知识的错觉"

有一本名叫《知识的错觉》的书对我深有启发。我以前干过灯具贸易的销售工作，销售情况好的时候，我以为工厂的销售跟灯具销售差不多，我认为我有能力去开工厂，能驾驭整个工厂——很明显，我进入了"知识的错觉"这个误区，因为实际情况和我的想法是完全不同的。作为一个贸易公司的销售，只要将客户的订单接回来就可以了，公司的采购员自然会去其他公司采购客户需要的产品，只要能在销售价和采购价之间有一定的利润，这单生意基本就能接下来。但是一个工厂的产品销售，情况就不同了，首先要评估客户的订单量，来判断是自己生产的成本低，还是买半成品回来组装成本低，抑或是直接采购成品回来卖更好。另外，即使最后决定要自己生产，生产时间能不能符合客户的要求也有一个评估过程。相对来讲，工厂产品的销售比贸易的销售要复杂多了。这还只是销售员的职责的不同，对于其他方面，如采购、财务、生产、技术等，我更是完全不了解，在这样的情况下，我办工厂失败也是显而易见的事了。

后来，我发现"知识的错觉"的实例是很常见的。比如，有一些老板，开着一个小型的公司，不可否认他们在某方面有过人之处，但并不是每个方面都很专业，问题是他们的自我感觉特别好，似乎什么事情都懂一样，在公司喜欢用自己老板的身份去压别人，将自己的不专业置于其他人的专业之上，实际上，很多事情为什么这么做，他并不知道。这其实就是"知识的错觉"。我认为一个创业者，一定要明白自己的长处和短处，要有自知之明，要相信专业的人方能做专业的事，虽然，创业者因为需要对创业负全部责任，一定要了解其他职位的工作内容和执行情况，但在自己不了解具体情况的时候，一定要懂得尊重专业人士，不要瞎指挥。

傅盛的"认知三部曲"讲了一个人认知的四种状态——不知道自己不知道、

知道自己不知道、知道自己知道、不知道自己知道。我将其简单延伸一下。

不知道自己不知道——以为自己什么都知道，自以为是的认知状态。

知道自己不知道——有敬畏之心，开始有空杯心态，准备丰富自己的认知。

知道自己知道——抓住了事情的规律，提升了自己的认知。

不知道自己知道——永远保持空杯心态，认知的最高境界。

现在我终于意识到，人和人根本的区别就在于这四种状态。更可怕的是，大多数人都处在第一个状态，如果对于自身水平的提高视而不见，将会失去升级的可能性。因此只有自我否定，保持空杯心态，一个人才能够真正成长。

7. 关于"负债者"和"创业失败者"的思考

近年，受新冠疫情影响，有很多曾经辉煌的老板成为"创业失败者"，甚至成为"负债者"，遭受了不少人异样的眼光。其实在商场上，有买的就有卖的，有赚的肯定也有亏的，买家有卖的需求，卖家也有买的需要。有些创业者以前亏钱，现在赚钱，有些创业者以前赚很多钱，现在亏了个底朝天，这都是再正常不过的事情。

为什么他们会因为创业而导致负债呢？我认为最根本的原因在于创业者的主观想法与客观具备的能力及创业环境的不匹配。

我本人创业也犯过这个错误，为了加快生意发展的速度，超过自身承受的能力跟银行借款，工厂倒闭后，我也就过上了痛苦不堪的负债生活。所以，我倡导"蜗牛式创业"，一定要慎用银行杠杆，慎用资本助推。

创业者给这个市场提供的产品或者服务，并不会马上就有结果，一般会出现三种情况：第一，产品或者服务不适合市场的需求，需要创业者马上调整，同时也需要时间；第二，创业者给市场提供的是一种新产品或者服务，由于消费者没有接触过，得到市场认可也需要时间；第三，创业者给市场提供的是一种常规的产品或者服务，由于本来就有一些公司占领了这个市场，那么创业者面临的问题是如何找到自己的市场定位，这也是需要时间的。对于这些情况，结论只有一个：创业要打持久战，时间不可控。而贷款创业，相当于拿固定的利息支出和时间不可控的回报做对冲，压力是巨大的。

慎用资本，是创业者必须明白的一个常识。创业者一定要在明白资本"只会锦上添花，绝不会雪中送炭"的特点后，认真考虑资本究竟可以给自己带来什么，可能失去什么，是否在自己的可控范围内。盲目使用资本力量，会给自己带来极大的压力，因为资本是要讲回报的，对于收益有极大的要求。如果不是极好的项目，盲目借助资本，很容易陷入两难境地，创业方的创业理念和资本方的投资回报往往是相冲突的，很多时候是短期利益和长期利益的冲突。作为创业者，最重要的事情是在创业的过程中，不断摸索和调整自己的战略和战术，让自己的公司不靠银行贷款和资本进入就能有好的盈利，才是一条靠谱的路子。

有很多创业者负债经营，但为什么有的负债者成了失信人，有的负债者高歌猛进却成为王者？这里面的原因相当复杂，不是一两句话就能讲明白的，但是有一点可以肯定：负债者高歌猛进最后成为王者是一个小概率的事件。请负债经营的创业者认真思考、回答、解决以下七个问题：

◆ 你提供的产品或者服务的核心竞争力究竟是什么？

◆ 你创业为什么必须借钱？你借的钱用在什么地方？

◆ 你能够少借甚至不借，或者用其他方法代替借钱吗？

◆ 做一个极限思考，你如果这样借下去，三个月后、半年后、一年后，情况会怎样？好的和坏的结果各想一下。

◆ 你能够承受的最坏结果是怎样的？你能够扛得住吗？

◆ 今天的创业结果是你想要的吗？你究竟是为了什么创业？

◆ 目前企业面临的情况，你究竟是知道错了但茫然不知道怎样做，还是知道怎样做但没有勇气做？你是否感觉创业就是这样，是很正常的？

希望负债的朋友能通过以上七个问题理清自己的应对思路。

接下来，我从一个有代表性的创业失败负债案例说起。

2014年，大学毕业的小李进入社会，前后找了两份工作，加起来也就一年多的时间，然后就不再选择找工作，而是从父母那里拿了十几万元，加上大学时期通过兼职等积累的三四万元，总共二十万元左右作为创业启动资金，开始实现他人生梦想的第一步。小李打算开家奶茶店，因为他以前在奶茶店做过兼职店员，对开奶茶店有些基本的了解，还有上学期间"辉煌"的赚钱经历，让他信心十足，希望用奶茶店实现他心中的梦想——将来创办一家全国连锁的奶茶店。

一番辛苦选址之后，终于找到了一个写字楼旁边的店面，办理了营业执照等相关手续,为了让店面有格调,小李花了近十三万元装修。开业当天,小李跟三名员工通过一系列的活动,吸引了很多写字楼里的白领顾客,顾客拿着非常诱人的优惠券进店消费,奶茶店一时人满为患。看到这个场景,小李感觉自己正站在成功的塔尖,也确认自己走的路是正确的。

半年左右时间,小李赚了几十万元,全款买了他人生的第一辆车,还带女朋友回家吃饭,父母对未来的儿媳也很满意,这个时候的小李事业爱情双丰收,幸福满满。

因为手上资金充裕,小李准备开第二家奶茶店,花了很多时间和精力后,小李确定了第二家店的地点,比第一家店更靠近市中心,成本比上次要大得多,是第一家奶茶店的两倍费用。俗话说,谋事在人,成事在天。小李的第二家店还在装修的时候,第一家店的周边因为改造工程,对一些路段进行围蔽施工,第一家店的生意开始一落千丈,对此,小李选择了坚持,及时调整经营策略,开始做一些线上的订单,内心希望改造工程能早点完工。线上的订单竞争激烈,订单的利润很低,利润高的线下店面生意却惨淡凋零。这个时候,第二家店也开始正式营业,但营业状况并不好,也就是刚开张的时候,因为小李的一些促销活动,优惠力度大,吸引了一些消费者过来消费了几次,之后就是门可罗雀了。这是因为第二家店的位置靠近市中心,周边有一些经营了很长时间的大牌饮品店,有很多老客户的沉淀和积累,口碑不错。在这种竞争情况下,小李的生意越来越差,支撑了半年多,小李就从银行贷款将近七十万元,但也在2016年3月前后都赔进去了。小李为了撑住店面的经营到处借钱,甚至还找了一些小贷公司借了高息的免抵押贷款,这样,每个月除了本金,还会产生很多利息,负债累累。在这段高负债经营的时间里,小李不但焦虑,还患上了抑郁症,经常性失眠,另外,由于资金压力太大,很多促销活动无法正常开展,两家门店的经营更加糟糕。祸不单行,本来准备结婚的女友也因为工作时间和日常压力的争吵而离开了他。小李最后终于支撑不下去了,因为两家店的租金都交不起了,只能卖车还债。看着努力打拼的两家店倒闭了,失去了任何收入来源,小李一度想不开,父母劝他说:"最可怕的是放弃自己,毕竟是才二十几岁的年轻人,早吃点苦更有助于未来的生活。"现在小李已经振作,调整好心态,找了一份工作暂时稳定住了生活。虽然到现在还有近百万元的负债,好在有父母默默支持陪伴,在以后的生活中,小李也明白了很多道理,坚信人生不能轻言放弃，挫折毁不了自己，只有自己放弃才是真正的崩溃！

为什么说这是一个经典的案例呢？因为它基本符合现在负债者的大多数特征要素，比如，事业发展才刚有点起色就大力搞扩张；创业者忙前忙后，很多事情都是亲力亲为，身边没有得力助手；事业扩张不是靠自有资金，而是靠银行借贷，最后负债的金额严重地超过自身的偿还能力；没有做好工作和生活两方面的平衡，导致事业和家庭双输；对于事业的扩张所带来的后果完全没有预测到，就赌自己赢，只考虑到自己创业成功的喜悦，从来没有考虑碰到风险和危机应该如何处理；业务渠道和产品都很单一，自身抗风险的能力差，市场情况一变动就倒了；没有形成自己的商业模式，像这种抗风险能力差的企业，越扩张死得越快；幻想在高负债的状态下持续经营下去，其实这是不可能的，所得利润都赶不上利息的增加。

像这样符合创业失败特征要素的案例有很多。有果定有因！这个"因"有很多，但有一个"因"是共同的，那就是"资金链断裂"，而且这些企业都经历过一个相同的阶段：高负债经营。

以下，我用气球作类比，方便大家更好理解"高负债经营"的风险性，首先，我们要了解什么是"正常经营"：好比一个气球充一个合理范围的气量，并且放在一个安全的室内环境，它破损的概率会比较小；什么是"高负债经营"呢？好比一个吹得很满的气球在树林里到处乱飞，可能路边的行人会惊叹气球的体积很大，身上的花纹很漂亮，但就气球本身而言，吹得太满的气让它不堪重负，而且由于气嘴被绑紧，已经没有办法正常减气了，它就这样在危险重重的环境里飞着，大概率不小心碰到树枝就会破灭。

现在，我们来思考一个问题：如果气球破了，是什么原因导致的呢？我认为作为一个气球，它根本无法改变自身被充气的这个客观情况，就像一个创业者无法改变创业环境一样，气球能改变的是只有三个自身条件：一是自身处于什么环境中；二是自身充气的多少；三是有没有堵死气嘴。"高负债经营"的创业者就是选择一个高风险项目，并且是高负债，而且将自己的一切时间、精力、资源全部投入！其实，创业者能改变的也只有三个：一是选择什么样的创业项目；二是负债多少；三是创业项目是否可控，是否堵死了自己的退路。

综上所述，我希望创业者要避免成为"负债者"！

下面，我想跟大家分析的是万一成了"负债者"，应该怎样做更好。

我们先来看一下经典的负债"五步曲"。

负债第一步，还没有借款，但在心理上对借款完全不当回事，甚至内心还认为借的钱越多，说明自己才有本事。另外，对未来信心满满。

负债第二步，通过借款将生意规模变大，对于借款的心态像"温水煮青蛙"，感觉一切正常，逐渐将生意和借款捆绑在一起。

负债第三步，因为主观或者客观原因，生意受到挫折，借款变成催命符，却不敢面对现实，继续拆东墙补西墙，或者借新还旧，只为了自己内心一个先稳后求进的虚幻梦想。

负债第四步，情况进一步恶化，资金从原先"八个坛子七个盖，盖来盖去不穿帮"，变成"八个坛子一个盖"，到处出问题，无奈止损，悬崖勒马。

负债第五步，被"限制高消费"或者是变成失信人。

创业失败了，也就意味着所有投资的钱都没了，创业者需要清点财务，亏损了多少，负债了多少。但是不管如何，为了让自己生存下去，我们都要开始新的赚钱之路了，毕竟生存永远比发展重要，有了生存才能谈发展。所以，在分析如何应对负债和创业失败前，我最想讲的就是这句话：人生本过客，何必千千结，生命还在，一切重来。

现今社会，创业是一股浪潮，很多人投身其中，由于种种原因导致创业失败而且负债累累，给自己和家庭带来了很大的负担。这个时候如果家人理解你，并且给你信心和鼓励的话，自己的内心也会得到安慰，毕竟日子还要继续，不抛弃，不放弃，重拾信心好好干工作，同时在这个过程中反思自己的经验和教训，就会慢慢把债务还清，逐渐走出困境；如果家人不理解的话，轻者夫妻吵架，重者家破人散，即便这样也不能就此沉沦，失败只是一时的，行业那么多，机会也很多，此路不通另寻他路，日子过得清苦点无所谓，谁还没在人生低谷待过呢？只要吃过这些苦，在你未来走出这段困境的时候，你会发现自己人生成长最快的时候也是这个阶段。

关于创业失败东山再起的实际例子有很多，即便上市公司的老板也曾失败过，承受过很大的压力，但是他们都有一颗执着的心，就是永不放弃自己的梦想。负债者要想东山再起，不是事业先起，而是要把自己的心态先调整好，打起精神，总结自己创业失败的经验和教训，如果所在的行业依然有发展潜力的话，最好是继续从事自己的行业，找个更有实力的企业去工作，去深造，去学习，这个时候千万不要有打工的心态，而是全力以赴当成自己的事业来做，多获得一些报酬来偿还自己的债务。如果换行业的话，可能会给自己带来更多的压力，所谓"换行业穷三年"，不要轻易换行，只有让自己的根深深地扎下去，等到机会来的时候，奋力向上长——成功不是坚持下来的，而是熬出来的。

"前首负"史玉柱第一次创业，只借了4000元，创业前期还是挺顺利的，然而由于后期出现了一些问题，导致他的公司资不抵债，只能宣布破产。那年史玉柱才35岁，就欠下了2.5亿元的债务。好在史玉柱并没有放弃，而是不断去调整，后来的他进行了第二次创业——"脑白金"项目，还清了债务，赚到了钱，之后又巨资投入民生银行，成为其董事。史玉柱说："创业者应该少去听一些成功人士的经验报告，相反多看看创业失败者的经验会更有收获。"

我也是创业失败的过来人了，我认为创业失败者应该根据自己的实际情况做出选择，出路无非有两条，一条是去打工，另一条是再继续创业。两条出路各有利弊，没有好坏，只看是否符合自己的实际情况。很多创业失败者无法接受去打工的出路，沉浸在过去的生活不能自拔，宁愿迷茫也不愿打工。我的理解是他们还没有摆正好心态，做到轻装上阵，贫穷本身并不可怕，可怕的是认知不足。一定要记着，为人处世，小舍小得大舍大得，只要能解决问题的都是好办法。打工为自己清债虽属无奈，也是一个解决办法。如果还想东山再起，可以一边工作，一边寻找二次创业的机会。在工作中多多积累人脉，掌握市场，把公司当成自己的平台，不断提升自己。

很多失败的创业者可能会后悔以前去创业，但我想说：痛苦人人都有，只是内容各有不同。在这里，我建议创业者要坦然面对，千万不要去与非创业者比既得利益、比旱涝保收、比人生稳定、比年薪多少……创业者与非创业者，追求不同，根本没有什么可比性。

创业肯定存在风险，创业者一定要有坚定的信仰，无论痛苦与快乐，都要坦然地去面对现实，勇敢地去承担后果。要明白创业是过程，不是目的；而成败，只是人生的体验。其实创业就算是失败，那也是虽败犹荣。

"远航归来，方有故事可讲。"

我在工厂倒闭后，也去打工，虽然上班时间、工作地点、工作内容都不如自己所愿，但是打工的确可以暂时解决经济来源问题，而且有事情忙，也不会胡思乱想，有助于调整心态。

总结一下，因为创业的失败率很高，创业方式就显得很重要，太激进的创业方式容易导致创业者成为流星。我提倡的"蜗牛式创业"非常适合创业失败率高的这个特点，坚持"蜗牛式创业"，可以给创业者一条创业的底线，让创业者稳中求进，让创业者在小代价的试错中获得成长，降低创业失败的概率，避免让创业者成为"负债者"。另外，"蜗牛式创业"倡导创业失败者如果有机会再次走上创业这条路，首先要总结创业失败的经验，汲取教训，然后整理可以利用的资源，寻找机会看能否从头再来；其次要看到自己身上的优点，虽然失败了，但是我们有胆量、有魄力、经过磨炼、经过考验，这就是旁人所没有的优势。创业者要明白创业的过程就是在不断地失败中成长起来的，反思、总结，让自己可以随时为下次的战斗做准备。

8. 记住"土豆的故事"

李四和王五是两个年轻人，他们同时进入一家农产品公司。四个月后的一天早上，李四很不高兴地走进总经理办公室，向总经理抱怨："我和王五同时来到公司，现在王五的薪水已经增加了一倍，职位也升到了部门主管。而我即使每天勤勤恳恳地工作，从来不会迟到早退，对上级交代的任务也总是按时按量地完成，可是为何我的薪水一点都没有增加，职位还是普通职员呢？"

总经理并没有马上回答李四的问题，而是意味深长地对他说："这样吧，给你一个任务，公司现在准备预订一批土豆，你先去了解一下哪里有卖的。等你完成这个任务，我就回答你的问题。"

李四走出总经理办公室后，就奔卖土豆的批发市场去了。一两个小时后，李四终于回到总经理办公室，向总经理汇报说："在我们公司二十公里外的批发中心有卖土豆的。"总经理听后就问道："一共有多少家卖呢？"李四说："我刚刚只看到有卖土豆的，还没有看清有多少家，请稍等一会儿，我再去看一下！"

说完后，李四又急匆匆地跑去批发市场。很快，李四气喘吁吁再次跑回给总经理汇报："报告总经理，一共有三家卖土豆的。"总经理又问李四："土豆价格是多少？三家卖土豆的价格都是一样的吗？"李四赶紧说："总经理，您再等一下，我再去问清楚。"

说完，李四就要往外跑。这时，总经理叫住他："你不用再去了，你就在这里休息一下吧。"然后总经理叫王五进办公室，先对王五说："公司打算预订一批土豆，你去看一下哪里有卖的。"

两个小时后，王五回来了，向总经理汇报："在我公司二十公里外的批发中心有三家卖土豆的商家，其中两家是每斤卖三元，另外一家每斤卖两元。我仔细比较了一下他们的土豆，发现每斤卖两元的这一家不但价格有优势，而且质量也是这三家里面最好的，土豆都是在农园里种植的。如果我们公司批量采购的话，价格还可以更优惠，而且还可以提供免费送货上门的服务。我已经把这一家的老板也请来了，就在我们公司门外等着，您看要不要让他进来谈一下？"总经理说道："先不用了，你请他先回去吧！"于是，王五就出去了。

这时，总经理看着办公室目瞪口呆的李四，问道："你明白了吗？知道你和王五之间的差距了吗？李四很惭愧地低下了头，说不出话。

这是一个职场的经典案例，它告诉我们，在现在激烈的市场竞争中，每个企业的生存最终靠的是全体人员的积极性、创造性、主动性的发挥。企业所渴求的人才不仅需要拥有专业的知识和埋头苦干的精神，更需要积极主动的工作态度和灵活变通的工作方式。一个合格的员工不要只是被动地等待别人告诉他应该做什么，而是应该主动去了解自己可以做什么，并且认真地规划，全力以赴地去完成。作为创业者，在企业中，一定要选对人，这会对企业的发展更有利。

作为创业者，我们要从这个小故事中学习到用心去做事情，注意工作、生活中的每一件事情，多问一句，多思考一个方面。多注意别人是怎么做的，发现别人比自己优秀，立刻去学习。只要用心，相信会做好的。"多一盎司定律"适用于每一个人、每一件事情，多做一点，一个微小的区别会让你的工作生活大不一样。在企业用人方面，要注意以下三点。

要保证员工工作有较强的执行力。

执行力就是员工"保质按量完成工作任务"的能力。员工执行力的强弱主要取决于员工的能力和工作态度，其中能力是基础，态度是关键。

要增强员工在本岗位的责任心。

员工的责任心是指员工对自己和同事、对公司、对社会所负责任的认识、情感和信念，以及与之相应的遵守规范、承担责任和履行义务的自觉态度。具有责任心的员工，会认识到自己所从事的工作在企业中的重要性，也会把实现企业的目标当成是自己的目标。

要提高员工的应变能力。

应变能力是员工在外界情况发生改变时所做出的反应。员工做出的可能是本能的反应，也可能是大量思考后的决策。企业要培养员工有良好的应变能力，做到审时度势和随机应变。

9. 坚持和维持的区别，创业者一定要弄明白

创业路上有一个场景：创业者经过长时间的苦苦挣扎，却只在盈亏平衡线上下晃荡，时而好像看到希望，时而又很绝望，似乎知道方向在哪里，又好像有点迷茫，销售的产品或者服务好像有需求，可就是走不上正常轨道，每天都在努力，结果却是每天都前进不了几米。这个也可以简单理解为企业处于"瓶颈期"，这个场景其实也是一些创业失败者后来所说的"早知道就放弃的最佳时间点"，如果创业处于这个阶段，创业者要弄明白自己是在坚持还是在维持。如果是在坚持，就是在做对的事，剩下的就是如何努力把事情做下去就可以了；如果是在维持，就是在做错的事，那就要放弃，不破不立。弄明白是在坚持还是在维持，这是创业者不可推卸的责任，也是考验创业者智商和情商的重要方面，能不能认识清楚，敢不敢于做出放弃的决策，将直接决定成败。

如何弄明白是在坚持还是在维持呢？

有一个简单的标准：如果目标正确，打法也正确，资源充足，就是坚持；如果目标错了，或者目标正确但是打法错了，又或者目标正确，打法也正确，但是资源不能够支持，就是维持。比如，热线电话很难打通，但如果坚持拨打，一定可以打通；假设电话号码错了，怎么坚持也无法打通想要打通的电话。所以说，电话号码对了的坚持是坚持，电话号码错了的坚持是维持。再比如，一个新开的餐厅生意不好，如果是开在人流很大的地方，就是坚持，只要调整菜品、加强宣传或者坚持一段时间，生意总有可能好起来；但是如果开在没有客流的区域里，就是维持，再怎么努力也不可能生意好。

创业者不能只会低头拉车，还要抬头看路。创业者就如同瞭望台上的船长，一定要在更高的地方看到船所处的位置，不但要规避明礁，还一定要找出哪些地方是暗礁，该转向时必须转向。创业者必须能够在一个准确的角度把握整个企业的现状。比如一幅油画，如果近在眼前，只能看到一个一个的色块，只有退到一定距离，才有可能欣赏到整幅画面，如果退得过远，画面又会变成

模糊的影像。

能够一眼看到底，能够看清楚全局，弄明白是在坚持还是维持，这是一种认知能力，也是创业者必须具备的认知能力。如果不具备这种认知能力，那创业者就无法制定合理的战略，也无法带领团队达成愿景。

"坚持是必须的，维持是没有意义的"，这个道理，其实很多人都懂，但是真正能够清醒地判断自己的状况，而且敢于直面现实，做到该放弃时就放弃的创业者却很少。这里面的原因既有"错误心态"的问题，也有"自身能力欠缺"的问题。错误心态就是认为这个项目是自己正确的和唯一的选择，对于自己亲自确定的创业方向以及坚持了几年的做法，绝不肯认错，或者明知有错也因对项目有感情而割舍不下，刻意再做很多事情用来掩盖自己的错误。但其实，人非圣贤，孰能无过，发现错误改了就好嘛。"自身能力欠缺"问题，指的是认知能力。能够一眼看穿的认知能力并不是每个人都有的。而对于认知能力不够的人，要分清坚持还是维持确实是一件很难的事。认知能力上的差距，就好比站在山顶和站在半山腰的视角，对于站在山顶的人来说，远方的风景是一目了然的，但对于站在半山腰的人来讲，远方的风景却是根本没有见到。站在半山腰的人如果没有一个空杯心态来向山顶的人学习，是根本不能够了解到远方的风景的，因此也不可能做出正确决策。这也就是很多创业者，在别人提醒和指出他们是在维持后，依然我行我素的原因。

总结一下，创业是长跑，创业者要学会坚持才能够成功，但是一定要弄明白自己是在坚持还是在维持，因为维持是没有任何意义的。如果发现自己是在维持，那就要断臂求生，能转型就转型，不能转型就放弃。

10. "以退为进"是"进"的最好和最优雅的方式

所谓"以退为进"，感觉是一个比较空的概念，我从两个小事例来说明一下。有一次，我参加一个行业展会的开幕式，需要从一楼坐电梯到三楼的展厅，此时正是参加展会的高峰期，电梯旁人很多，大家都想挤进电梯上三楼，好不容易来了一趟电梯，大家蜂拥而入，我根本进不去，就这样错过了好几趟。这个时候，我发现一个人按了一个向下的键，我心想，这个哥们儿运气好，我们都是向上的，他是向下的，没有人跟他争。很快，他进入了一趟下行的电梯轿厢。等到这个电梯上行的时候，我也终于挤进轿厢里了，我发现他也在里面，我问他是不是刚才忘记出去了，他笑笑说，他本来就是要上去的，因为坐电梯上去的人太多了，他也挤不进去，所以他以退为进。其实到目的地是有多种方式的，但是包括我在内的很多人都盼望一步到位，最短距离到达，但其实这是最难的。

再讲一个吃西瓜的事例。有一位父亲为了教会儿子做人做事的道理，切了三块大小不一样的西瓜，放在儿子的面前。他问："如果这三块西瓜代表三个大小不同的利益，你会选哪一块呢？"儿子想都没想，马上拿起其中最大的一块吃起来，而父亲则拿起最小的西瓜，很快吃完，接着拿起最后那块西瓜继续吃，这时，儿子的最大块西瓜还没吃完呢。儿子明白了，父亲吃的两块西瓜虽然都不大，但加起来比他的多，父亲这是以退为进的一种做法。父亲用吃西瓜教会他处理利益关系的方式方法。

以上两个例子都是生活中的例子，但是做人做事和创业的道理是相通的。李嘉诚做生意常常以退为进，看起来好像是盈利少，吃亏了，但是他退了一步，让利给客户，却因此而吸引更多客户和他做生意，他的生意也就越做越大。我们做人或者创业，只有懂得以退为进，才能得到最大的利益。有舍才有得！不懂得让，咄咄逼人地去谈生意，谈成功的机会很小，即使谈下来了，生意也不能长久。

11. 做买卖的核心在于利益交换，核心利益诉求是生命线

生活中，我们常能见到这么一种情况：A 店的装修一般，人员服务一般，但是商品性价比高，生意红红火火；相反，B 店的装修豪华，人员服务很好，态度热情，但是商品性价比不高，生意不尽如人意。这是为什么呢？我家小区的外围就有这么两家商店，我对此也是百思不得其解，因为我本人是市场营销专业毕业，也在大公司工作过，记得以前上课经常培训，老师都是强调服务第一，注意和客户的沟通。B 店的服务这么好，应该生意挺好才对，为什么会这么差呢？后来，我和小区的邻居闲聊才明白了，B 店买的鸡蛋散黄，水果不新鲜还贵。A 店的货品都挺好，因为买的人多，他们的人手不足，这也导致服务差了一些，但即使是这样，顾客依然还是选择去 A 店买。一位大妈说，我们买东西，首先是要东西好，东西不好，态度再热情也没有意义。这个事例其实很典型，做生意，我们一定要想办法满足客户最基本的利益需求，这个也是客户跟我们合作的最重要的理由，如果做不到这一点，即使我们送什么赠品，

服务再好，生意依然不可能持续。

我想起自己创业中的一段往事。供应商王总是我在生意场上认识的，他对客户特别热情，不管什么时候过去拜访他，他都亲自开车请我去吃饭，中秋节到了，他给我公司寄了一箱月饼，办公室的人员每人一盒。这也给了我一个错觉，王总待人接物这么好，跟他合作应该错不了，因此，我就想给他一些生意做，让他报了一些产品的价格，他报的价格也和我当时的采购价格差不多，我就开始了和他的合作。很快，采购员给他下了第一张订单，供货有点不顺利，王总答应的交货期到了，却没有及时供货，耽误了我的生产进度。我打电话给他，他说刚开始合作，还在磨合中，因为某些事情耽误了，希望我能谅解，我想这也是在情理之中，事情就过去了。不久，采购员又给他下了第二张订单，这次他又给了一些理由，拖了几天时间，还跟我保证下次一定会准时交货，下不为例等等，但连续两次耽误货期，也确实让我心里没底了。于是，我跟采购员交代，要她赶紧找其他有现货的供应商做备用，不要到时因为缺少材料而影响生产进度，另外，如果再给王总这边下订单，要提前一个星期，免得又耽误了生产时间。过了一段时间，第三张订单又下给了王总，到了交货期，王总依然没有办法及时交货，按照"错不过三"的原则，我跟采购员说取消订单，找其他供应商合作。后来，我在一个应酬的场合碰见了他公司一个离职的副总，才得知，我果断放弃和他的合作是相当正确的，因为，王总的工厂就是这么一个情况，不管你什么时候给他下单，都是不能准时交货的，因为王总善于交际而轻于管理，他认为只要跟客户的关系到位了，订单就会不断飞来。以前他有一个合作很久的大公司客户，由于公司的采购经理跟他关系很好，虽然他交货不准时，但采购经理还是在他那里下单，后来采购经理离职了，新来的采购经理发现他的货期不准时就取消了与他的合作，这就让他工厂的订单减少了很多。另外，他由于长期以来对工厂管理不重视，导致与其他的客户也做不长久，都是一些零散的鸡肋订单。就这样，在大客户流失了之后，没有其他的客户能够顶上来，工厂差不多快垮了。对此，我得到的启发是王总对客户的小恩小惠是不能挑战买卖中的利益原则的。

在做生意的过程中，买方要求性价比，卖方想要稳妥的高回报，双方如果想要建立长期合作关系，一定要满足对方的这个利益诉求。至于其他的，都是在这个基础上做的一些锦上添花。举个例子，我们现在肚子很饿，想解

· 113 ·

决这个问题，有两个选择，一个是去一家装修非常豪华的酒店吃一餐，但是开车要一两个小时，另一个是到自己楼下的一个快餐店，五分钟就能吃到饭。我相信大多数人会选择吃这个快餐，因为一个人在很饿的情况下，快速填饱肚子才是第一要务，这个时候，环境优雅和菜式丰盛并不是太重要了。更进一步讲，如果酒店菜式差、价格高，即使环境和服务再好，也是没有回头客的。吃饭和做生意从这个角度上去理解其实是一样的，如何满足客户的核心利益诉求是最根本的。

总结一下，创业者一定要明白自己的创业项目究竟解决了什么问题，自己的核心价值才是立身之本，要明白客户的核心利益诉求，在对待这个问题上不打折扣，全力以赴做到最好，才是体现自己价值的最好方式。先专心做事，再做人际关系，先务实后务虚，不能本末倒置。

12. 实事求是，量力而行地找适合自己的创业项目

在创业的过程中，很多创业者会将自己的眼光盯在某些创业案例的"对"与"错"上面，然后以此认证自己想做的这个项目是对的，给自己找一个对的理由。比如，张三做这个项目赚了多少钱，而我跟他做的是同一个项目，并且他的运转方式我都知道，因为他手下的经理是我的朋友。其实，我去做这个项目也可能赚也可能赔，而且，赚是幸运的，赔倒是正常的。原因是，一个旁观者观察一件事情，往往只是从外面去看，根本难以看清里面真正的道理和逻辑，我们从这个创业项目外在的看得见的部分来讲，一个项目的资金投入、项目人员的配置、项目开始的时机、项目的盈利点、支持这个项目的各方资源等这些是有可能被复制的，而这个创业项目的内在——项目创始人的思维方式和项目的商业模式却是不可复制的，但是往往很少有创业者能想清楚这两个层面，盲目地从外在去复制，自然失败者居多。进一步举例，李四是一个创业失败者，他做的一个项目，亏得负债累累，如果让人们从张三和李四的项目中选一个来做，应该大多数人会选择做张三的项目，因为张三已经赚到钱了，张三有成功的光环，他讲的一切都是正确的，现在流行一句话：要向有结果的人学习！张三是一个有结果的人，所以，很多创业者会认为向张三学习，就能取得巨大的成功；而李四的项目让李四负债累累，这个项目肯定不好，而且李四是一个创业失败者，是一个没有结果的人，他的经验都是负面的、没有用的。于是，

有很多创业者选择了张三的项目却做成了李四负债累累的结果。

　　我认为，选择张三和李四都不一定对，因为不管创业者做什么项目，都要实事求是才行。具体点讲，创业者要从自身情况出发，考虑这个项目到底适不适合自己，比如思考客户需求、目标市场和解决方案这三个方面。选对项目是创业顺利进行的第一步，万事开头难，希望创业者有自己的判断标准。

第六部分　向创业者推荐的工具及思维理念

一、创业者了解企业的好工具——财务知识

首先说明，财务并不是一个职位，而是一个统称。不同公司的财务部门承担的相关职能也各不相同。广义来说，财务包含融资、成本、总账、应收应付、出纳、固定资产、工资、统计、审计、税务等部分，这里面的每一个部分都要专业的技能才能做好。之所以将财务知识放在最前面，原因有二：第一是因为财务对于创业者实在是太重要了，我希望能引起创业者的足够重视；第二是希望抛砖引玉，请创业者买一些专业的财务书籍研读，学好财务知识，真正了解财务。

以下，我将分为两部分，第一部分是创业者必须懂的财务常识，第二部分是财务思维。

1. 创业者必须懂的财务常识

（1）六大会计要素

会计要素是根据会计对象的经济特征所作的基本分类，是会计对象的具体化。会计要素主要包括资产、负债、所有者权益、收入、费用和利润六大类。其中，资产、负债和所有者权益被统称为资产负债表要素，收入、费用和利润被统称为利润表要素。

（2）三张报表

《小企业会计准则》里的财务报表有三张，就是资产负债表、利润表、现金流量表，这也就是常说的三大报表。这三张表有各自的作用：资产负债表是指反映小企业在某一特定日期的财务状况的报表；利润表是指在一定会计期间的经营成果的报表，也告诉了你企业盈利或者亏损是如何造成的；现金流量

表则反映企业在一定会计期间的现金流出和流入的情况变化。

（3）往来款项

这里的重点是要关注授信和账龄。生产商一般都会给予零售商一定金额的信用额度，也可以称为授信，零售商在信用额度内不用付款就可以进货，但是在规定时间内必须回款，这个规定时间内的周期也称为账期。授信额度和账期一般可以根据回款的情况进行调整，回款信用越好则生产商在财务评估之后会给予更大的授信额度。账龄则指公司尚未收回的应收账款的时间长度。财务人员每个月一定要列个客户账龄分析表进行分析，超期的都是潜在风险，一定要重点关注。另外，需要注意的是，对于销售员来说，账期越长越有利于销售，有利于提升业绩，但对财务来说，账期越长对公司的风险越大。

（4）关注货币资金

创业者不仅要看余额，还要看发生额，关注每个月现金的流入流出情况对于创业者来说是非常重要的，一定要有资金计划，才能充分利用资金，保证健康安全的资金链。

（5）固定资产

虽然固定资产金额大，反倒不用特别去关注，只要让公司相关部门做好登记，不要让资产闲置浪费或者丢失就没问题了。

（6）预算管理

做好预算管理是一件重要的事情，采购和销售这两块是重点。比如，销售预算需要有一定销售经验的财务人员才能做出比较合理的预算，因为销售人员会有比较多不可控的支出，如果预算不合理，公司卡得太紧，会影响销售人员的积极性和正常工作开展，如果公司放得太松，又会伤害公司利益，造成不必要的浪费。采购也是同理。

（7）成本和费用

创业者一定要学会分清成本和费用的关系，理解成本是要和收入配比结转的，费用是当期发生的，这两者不是一回事，所以创业者要关注员工借款挂账的情况，因为这是对公司资源的占用。还要关注成本归集的合理性。

（8）存货

虽然存货也算是资产，但是闲置一样是浪费。如何利用，作为创业者应该要弄清楚，在此我提醒以下两点：第一点，存货盘点和存货明细账真的非常重要，一定要重视；第二点，关注已经发出的商品，因为发出商品其实是债权，发货出去的同时，钱也就出去了，一定要有明确的账期，还要注意账期也要算利息。

（9）税务方面

税务知识其实是非常专业的，我发现很多创业者并不太懂，国家税务总局推出了"金税四期"，希望大家认真了解。虽然，对于创业者而言，不大可能学习得很专业，但我认为，一些重点知识还是需要了解清楚的，比如"增值税基本原理"。初创企业其实最好的办法就是跟专业的财务公司合作。每个月只要给适当的费用就可以享受专业的财务服务，另外还要跟同行多交流，查一下自己公司的综合税负，比较一下，如果感觉不对劲就要找下原因。

（10）内部控制

内部控制是一个知易行难的事情，如何做得好，跟创业者的人生经验和社会经验，以及自身水平有很大关系。内部控制的核心就是流程化和规范化，争取一切都要按制度来，既要让公司员工之间通力合作，又要相互牵制。只有内部控制做好了，财务工作才能有序开展，否则很容易让财务工作流于形式。

以上这十点，我认为对创业者来说是财务方面最重要的部分，由于篇幅有限，我就不展开讲了，希望创业者买一本财务方面的书，认真研读，弄懂这些重要的概念。即使是大学时期修习过这门课，我建议也要重新研读。在此，谈下我的自身感受。我上大学时也学习过会计学课程，但是我发现为了"考试"而读的书和为了"使用"而读的书，在心态和收获上是截然不同的。作为创业者，因为要对企业或者公司做一个全面的把控，所以需要有一定的财务思维和财务管理的相关知识，这样才可以做全面的把控。我的理解是如果将企业比作人体的话，钱款就是血液，财务就是血液循环系统，我们可以通过企业的血液循环系统判断出这个企业是否健康；而税务对于企业的关系，则像法律对于个人的约束一样，不管个人的实力强弱，法律面前，人人平等；如果将企业当成数字"100"的话，财务和税务就是"1"，其他部分是"0"，其他部分的增加可以改变这个数字的大小，而前面的"1"则决定这个数字是否存在。

除了让非财会出身的创业者学习一些财务知识，还要让公司的财务人员学习一些业务知识，另外，创业者要特别注意以下的财务问题。

注意健康的现金流。对于创业者来说，初创公司里最重要的财务工作就是管理、预测现金流。因为现金流是创业公司的命脉，它掌握着一家初创公司的生死大权。一家初创公司无论有多好的商业模式和前景，有多强战斗力的团队，如果现金流断了，将必死无疑。创始人要清楚自己公司现金流的变动情况。简单一句话，正常情况下，创业公司只要账上还有钱，还有现金在继续流，就不容易死掉。

注意对公司的财务预测。在这里，请注意我所说的财务预测并不是财务预算。一家创业公司财务预测的关键点，是对该公司未来收入进行比较现实的预估。现实中，因为创业公司普遍的生存时间问题，财务预测不适宜以"年"为单位来计算，创业公司的财务预测一定要用"月"来计算。按月来对公司做预测，将会精准很多，因为30天内能够做多少事情，还是很容易就能测算出来的。按月做出的财务预测能够拿去和投资方商谈融资事宜，会更令人信服，更重要的是，创业者可以用它来对照和指导企业的日常运营，如果一个企业每个月都能达到预测的数字，那么，到了年底，要完成整个年度计划就很简单了。

注意公司日常的财务工作。在公司初期运营阶段，如果没有专职的财务人员时，建议由创业者代理财务人员的工作，当公司有了专职的财务人员后，建议创业者注意以下几个问题：公司每期费用的大体情况；公司的每期利润；资产控制；加强管理，加强内部控制制度。

关注以上几个重要问题，把控好财务一关。

2. 创业者需要的财务思维

财务思维是指运用财务学理论和知识进行科学思维的一种心智活动。财务思维包含很多方面，我无法做到面面俱到的说明，为了可以让创业者在最短的时间内对财务思维有一个大概的了解，我在这里用创业者可以理解的业务思维和财务思维做对比和分析，希望可以通过这种"窥一斑而知全豹"的方式，让创业者对财务思维有一些了解。

在将业务思维和财务思维做对比之前，我们首先要明白财务思维具有两个特点。

第一，结果导向性思维。

一家企业无论有多少业绩总额，作为创业者而言，最后希望体现在一定的财务指标上，就是现金流更加充足，利润能够增加，收入可以上升，负债得到控制，资产质量有所提高。比如，我想要买瓶矿泉水喝，但是我只能喝一瓶水的一半，由于商店并不售卖半瓶水，为了不浪费钱，我就不买了。我刚举的小例子是拿企业和买水作类比，说明一家企业无论业绩有多好，如果这个业绩不能优化利润、现金流、收入等财务指标，那是不可持续的。那瓶矿泉水特别好，但是从顾客的角度来讲，我并不需要那么大瓶的，商店卖不出去，收不到钱，没有绩效，这就是财务思维第一个特征，我们称为结果导向性的思维。我们在企业开展业务前，就用财务思维对它进行评估，将有利于这项业务的开展真正给企业带来的绩效，而不是做无用功。

第二，整体性思维。

在解决公司的财务和业务的问题上，创业者要用整体性的和联系性的思维方式，而不能以单个财务指标为导向。比如说，一家企业的收入的增加或者减少，将会影响资产的增多或者减少，而资产也将影响到债务增减。再比如，企业的收入变动了，它的利润可能也会有变化，利润的变化又会影响到现金流变动，现金流变动又将会让公司的净资产发生变化。这个就是财务思维的整体性特点。假设 A 企业为了完成销售任务，需要快速提高公司的销售业绩，使用了赊销的方式，虽然这种方式可以促进销售，但同时也会导致企业应收账款的增加，在一定程度上虚增了企业的利润。另外，赊销所确定的收入当时并不能产生现金流，因此企业不得不使用流动资金为各种税金和费用垫付，这将加速企业的现金流出。如果应收账款在企业的营收中占有很大份额，将给企业资金周转增加沉重的负担。企业需要增加人员解决应收账款的问题，因此将产生各项差旅费和诉讼等用于催款的费用。从这个例子我们可以看到企业的一个业务，就会影响到企业的多个财务指标，所以我们懂得利用财务思维整体性的特点，在业务开展前就用财务思维对它进行评估，将有助于业务的顺利开展。

在一家企业里，业务思维和财务思维是站在不同角度和立场的，因此就会产生不同的观点，从而产生不同的结果。业务开拓是以企业发展壮大作为根本和主旨，而财务管理则是企业管理的底板和中心。这两大系统对于企业来讲都非常重要，缺一不可。创业者如果能够将这两大思维进行融合，形成合力，对于企业的总体发展有极大的意义。下面的表格列出了二者的特点和不同。

财务思维和业务思维对比表

项目对比	财务思维	业务思维
思维方式	主要是数学的量化思维	主要是语文的定性思维
关注点	注重当下短期回报	着眼于企业长期可持续发展
思维根据	流程、风险、合规	业绩、效率、实战
执行方式	先全盘核算再执行、重视结果	先执行再去核算、重视过程
风险控制	防守思维（收益、风险、利润）	进攻思维（客户、规模、市场）
分析成本	全部成本（包含直接和间接）	直接的可见成本
追求目标	效率最大化	总量最大化
功能作用	数钱的	赚钱的

既然财务思维和业务思维有很大的不同，那创业者应该如何运用财务思维促进业务的开展呢？我认为分为三个方面：第一，创业者应该从业务出发，核算企业日常的各种活动，比如销售、采购、生产、人力资源、投资等在财务方面的体现情况；第二，创业者应该从财务数据出发，去思考业务问题，使得企业各项业务活动围绕"创造价值"这一中心点进行；第三，创业者学会从财务思维角度去分析自身企业的行业特点和发展战略，从而洞悉企业和行业的未来。

总结一下，创业者一定要学好财务，用好财务，在创业碰到好的机会时，能同时用业务思维和财务思维去评估和平衡，这将有助于创业之路走得更顺利。

二、创业者保护自己的好盾牌——法律知识

法律和创业者的关系密不可分。从创业一开始，我们就要进入一个法律的程序。首先，公司要注册，否则属于非法经营。在注册形式方面，个人创业注册公司可以选择的形式主要有以下几种：申请登记从事个体工商户、设立有限责任公司、设立个人独资企业、设立合伙企业。以上不同形式所承担的法律责任是不一样的。比如，注册个体工商户对资金没有法定要求，其经营收入归个人或家庭所有。其中，债务问题，个人经营的，以个人财产偿还；家庭经营的，以家庭财产偿还。而合伙企业对企业债务则先用合伙企业的财产进行抵偿，抵

偿不足时,再由合伙人以其财产承担无限连带责任。由于合伙人对合伙企业的债务需要承担无限连带责任,所以风险较大。一个自然人可以设立个人独资企业。在个人独资企业申请破产后,原投资人对个人独资企业存续期间的债务仍应承担偿还责任,但债权人在五年内未向债务人提出偿债请求的,该责任消灭。假如设立有限责任公司,那么公司以其资产对公司债务承担有限责任,公司股东以其出资额为限对公司承担责任。所以,在创业初期,我建议采用有限责任公司形式以降低创业风险。

举上面这么一个小要点,应该能够让创业者意识到法律知识的实用性了吧,其实法律知识对于创业者而言,不但实用,还很重要。学习法律知识,是一件重要但是看起好像不紧急的事情,首先讲一个我做生意碰到的真实例子。我的一个客户,某个工程公司的李老板,因为工作很忙,对儿子也是疏于管教,他的儿子染上了赌博的恶习,输掉了家里很多钱,李老板严厉地教训了儿子一顿,同时为了避免损失,除了平常的吃住外,就干脆不给儿子钱了,但是儿子赌瘾难忍,居然私刻自家公司的公章借钱赌博,李老板没当回事,心想真公章在自己手上,一个假公章能翻出什么大浪,应该不会有什么大问题,对儿子也就是批评教育一下就过了,没有及时了解清楚情况,认真对待和处理这件事情。过了一段时间,李老板在外地出差,忽然接到公司打来电话说法院冻结了公司的账户,并且查封了公司的不动产,公司的现金流一下子断了,无法正常支付供应商货款和工人工资等应付款项。李老板顿时手足无措,原来其子借钱的时候,在担保一栏盖了私刻的假公章,李老板如果据实向法院说明,公司的危机马上可以解除,但是其子用假公章借八百万元的行为就会被法院认定为合同诈骗,要面临十五年或者十五年以上的刑期。

万事开头难!创业公司由于处于初创和成长阶段,资本较小、人员较少,往往重市场、轻管理,重效益、轻制度,忽略法律风险的存在,这为企业的做大做强埋下了隐患,严重的甚至导致企业的破产倒闭。以下我将创业者经常遇到的十四个法律问题和风险列举出来供大家参考。

1. 公私不分、财产混同

在这里,我要特别说明一下,法律知识和财务知识要结合起来用,因为在个人创业过程中,很多创业者认为企业是自己的,企业的钱也是自己的,但是在公司制度中这种意识是危险的，公司是独立的，公司的营业执照为什么有"法定代表人"这一项就知道了。《中华人民共和国民法典》规定，"法定代表人"是指依照法律或法人组织章程规定，代表法人行使职权的负责人，为法人的法定代表人；"法人"是指具有民事权利能力和民事行为能力，依法独立享有民事权利和承担民事义务的组织。法人与自然人不同，是种无生命的社会组织体，法人的实质，是一定社会组织在法律上的人格化，简单来说，张三是一个自然人，与法定代表人张三，在法律意义上是不同的，如果使公司和自己的钱分不清的话，需要对公司债务承担连带责任，还有可能涉及挪用资金罪等刑事案件。所以，公司要建立完善的财务制度，投资人要把企业和个人财产分开，避免法律风险。

我发现，很多创业者存在以下错误的认识：

▷ 公司都是老板的，所以老板拿公司的钱或者花公司的钱属正常。

▷ 创业者将资金在名下的几个公司之间拆借，除了认为有这个需要外，觉得这些反正都是自己的公司，这种拆借就是左口袋换到右口袋，没必要区分那么清楚。

▷ 将老板的个人开销计入公司支出，用以避税。

现在对以上三种情况进行分析：根据法律，公司的财产要优先用来清偿公司的债务，还有剩余的，才归老板（股东）所有，法律叫剩余财产分配权。

第一种情况，很有可能造成本来应用于清偿公司债务的资金被老板消耗了，从而造成公司没有足额资金清偿公司债务，导致损害公司债权人权益，所以这种做法为法律所禁止。

第二种情况，创业者将 A 公司的财产转到 B 公司，这个操作除了可能损害 A 公司债权人利益外，在 A 和 B 两家公司股东或股权份额不同的情况下，还可能损害到 A 公司股东的权益。如 A 公司有甲和乙两个股东，持股比例为 30%、70%，B 公司有乙和丁两个股东，持股比例为 70% 和 30%；将 A 公司的资产或利润转移到 B 公司，在财产数量上虽然对乙股东是没有影响的（都占 70%），但对甲股东则是不利的，而且对 A 公司的债权人也是不利的，因为通过财务转移，A 公司用于分配的财产和清偿的债务就会变少了。

第三种情况，创业者的操作明显是违法的，是出于现实利益驱使的逃税行为。

以上这三种情况比较常见，其错误的根源在于创业者只看到了公司的利益归老板（股东）所有，却没有看到公司的利益还跟公司的债权人有关。在法律上，如果发现这种情况，那么股东或关联公司将要对该公司承担连带责任，甚至是无限责任。

2. 创业者对合同的法律属性重视不足

现实中，你可能会经常看到以下这些事情。

▷ 因为创业者和客户关系很好，出于信任或者拉不下情面，就认为签合同只是走个流程而已，所以对合同的内容根本不作认真审核。

▷ 创业者急于拿到意向订单，签下了明显对公司不利的合同条款。

▷ 创业者对于合同有先签下再说的心理，漠视风险。

当创业者和客户发生纷争无法协调的时候，白纸黑字的合同将成为证据，侥幸、信任、情面等就会变得无能为力。在法律层面，除非有相关的证据证明合同违反法律规定而无效，否则合同的约定就是法院判定双方输赢的主要依据，因此，创业者务必重视合同审核。

另外，创业者还有可能签下不符合法律规定的合同，或者由于拟定合同的公司或个人对法律不熟悉，语言表述不明晰、不准确，签下的合同法律含义与双方当初的真实意思不一致，甚至出现歧义的情形，这将会给合同双方造成较大的麻烦。

以下是合同签订时要注意的事项。

创业者应当审查签订合同方的主体资格。①要审查签订合同方的基本情况。先要了解对方是否具备法人或者代理人资格，是否具备签订合同的权利。②要审查签订合同方有没有相应的从业资格。③要调查签订合同方的履约能力和商业信誉。④要查阅国家法律对合同内容有无特别规定，主要是确定双方的权利和义务是否合法有效。比如，如果涉及特种经营行业的，要注意查看对方是否有相关项目的经营许可证。⑤如果涉及著作权、商标、专利的一定要查看对方是否为所有权人。以上提到的这些可以聘请律师做专业的资信调查，或者到相关行政管理部门查询相关信息。如果是在合作的前期，就是合同还没有谈定下来，只是想对签订合同方做一个最基本的了解，那就可以上天眼查、爱企查之类的网站查一下。

创业者要认真审查合同的主要条款。合同的签订建议采用书面形式，注意用词准确，避免产生歧义。对于重要的合同条款一定要做到字斟句酌。尤其是交易的内容、需要履行的方式和期限、违约责任等，要特别约定清楚。

创业者要采取有效措施，认真做好合同的风险防范工作。注意在合同履行时保留相关的证明资料，比如：在履行合同时一定要有比较完整的书面往来资料，并且有双方当事人的确认；如果公司已经开出发票，而对方货款未付清，应采取在发票上注明等措施。

创业者要懂得依法运用在合同履行中的不安抗辩权防范风险。如果遇到法定条件或者合作方违约导致利益受损的情况，能够依法采取合同中止履行并及时通知对方，要求对方提供适当担保，保障本企业的利益。

特别强调：重要的合同，务必要请律师审核，以确保约定合法合规、明晰准确。

3. 创业者放纵业务款走私账

公司的业务款走私账是违反法律法规规定的，不仅在民事、商事方面面临较大的法律风险，还会受到行政处罚，如果情况严重，将会触犯刑法，让公司相关负责人受到刑事处罚。举个例子，公司的正常交易中，合同的双方当事人、发票的买卖双方，以及对公走账的收付款双方是一致的，这不仅留下了证据，而且还初步形成了一个相对完整的证据链条，一旦发生纠纷，这些证据有时就能够起到一锤定音的作用，但如果是走私账就不可能有发票，而且合同双方的当事人和收款付款双方也对应不上，加上没有其他证据，就很难证明买卖合同和收付款是对应和匹配的，这将为维护合同权利带来风险。因此，业务往来一定要按规定走账，才能避免可能的风险。

4. 创业者未及时终止、解除不能履行的合同

公司日常经营中，创业者可能会遇到无法履行合同的情形。如果发生这种情形，很多创业者会采取拖延的形式。虽然拖延确实有时候能够让公司争取时间，使得客户让步，甚至最后不了了之，还可能因此从中获益，但更多的情况是拖延不但解决不了面临的问题，还会增加企业损失。因为一方面，

合同的违约责任与时间相关（如逾期一日，应当支付一定比例的违约金；如果超过一定时间，客户能够解除合同等）；另一方面，如果拖延的时间太长，最后处理起来就会浪费更多的时间和精力。因此，如果确实不能履行合同，就应当及时终止或解除合同，避免损失的扩大，这也是恪守信誉的一种表现。

5. 创业者轻率地对外提供担保

日常经营中，创业者可能会遇到朋友或熟人贷款融资需要担保人，在"这只是按规定要求，走一下程序而已""绝对会按时还钱，不可能让朋友吃亏"等的说辞下，由于拉不下面子、多年友情、关系很好等因素，最终在相关担保文件上签字盖章。

根据法律，贷款人一旦逾期还款，担保人就有承担代为清偿债务的责任和义务，因此，一定要慎重对待对外提供担保的做法，这里也包括股东或老板对公司提供担保——股东本来是以出资金额为限对公司承担有限责任，如果轻率地对公司提供担保，可能会使股东或老板将全部身家压在公司，从而丧失"有限责任"这个对老板或股东的保护墙。

6. 创业者片面追求高注册资本

由于当前公司注册资本采取了认缴制，可以"实际不出资"，在这个规则下，有些创业者为了表示公司有实力，就会超出自身需要和能力提高"注册资本"。但是按照法律规定，股东已经认缴的出资属于公司财产，而股东没有缴纳的出资则是股东对公司的负债，当公司资不抵债时，所有股东必须将欠缴的出资缴纳到位用以清偿公司的债务。即使公司采取减资，也要在减资前清偿公司债务。所以，创业者应该选择匹配自己实力的注册资本，而不是为了面子好看而得不偿失。

7. 创业者不及时做工商变更登记

很多创业者对企业股权变更、实缴注册资本及其他重大事项没能及时进行变更登记，这将会给企业造成很大的麻烦。因为根据法律相关规定，只有进行工商登记了，这些变更才能生效。

以实缴注册资本为例，如果一些股东实际上有出资，但只是将资金交给公司占有使用，却从未进行实缴出资登记手续，那么如果公司资不抵债或进行清算，由于没有相关证据证明，法律将不承认这部分"出资"金额，这也意味着股东还要再次"出资"用以履行股东的出资义务。

以股权为例，如果某个股东因为股权转让而减少其持有的股份，却没有及时进行工商登记，在这种情形下，法律将会要求该股东按照原有的股权比例承担股东责任；至于该股东多承担的责任，则由该股东向受让股东再做另行主张。

因此，创业者记得当工商登记事项发生变更时，尤其是注册资本、股东、法定代表人、股权的变更等，都要及时进行工商变更登记，只有如此，才能对第三方生效，也能保障公司和当事人的权利。

8. 创业者对公章管控松散

公章（包括法人章、合同专用章、财务专用章、法定代表人私章等）代表公司对权利义务的行使和认可，一旦盖章，就会被视为公司行为，公司要对此承担法律责任。因此，创业者对于重要印章，一定要遵循使用人与保管人分离、盖章前要审核确认或批准、盖章要做登记留底等基本规定。

9. 创业者缺乏股东纠纷应对机制

现实中，有些公司会出现因为股东矛盾、股东失联、股东拒不参加表决等而无法做出有效表决，这将会让公司陷入困境，对公司和其他股东造成伤害。这种情况出现的主要原因是企业在注册成立时，并没有量身制定适合自己企业使用的公司章程，简单罗列有关公司基本规定的法律法规，使其成为"通用格式"的公司章程。因为法律法规对公司实行的是"股东自治原则"，所以对于股东关系协调规定的条款并不多，而且主要体现在股东会、董事会、监事会的构成与工作机制及诉讼权利方面，但这实际上是不能满足现实需要的。

因此，我建议创业者要给股东纠纷提供一套完善的解决机制，从而避免公司陷入僵局，建议请有经验的律师根据公司实际情况定制公司章程，同时制定股东协议作为补充，这样才能化解潜在的矛盾，避免公司进入困境。

10. 创业者不及时清算并注销公司

当公司出现需要停止经营并解散的情形时，公司股东应当及时对公司进行清算，并且办理注销公司的相关手续。这个法律情景是所有的创业者不想见到的，但是自古商场如战场，很多事情的发生并不以人的意志为转移，创业者学习这方面的知识，也是有备无患。

回到主题，公司清算的目的首先是为了防止公司亏损的进一步扩大，进一步损害公司债权人以及股东的利益；其次是为了清偿公司债务，保护公司债权人的权益；再次是在某些情形下，可以将剩余财产（即清偿完所有债务后，还有剩余财产）分配给股东，以保护股东权益，最大程度地减少股东的损失。而公司注销的目的是彻底去除公司作为民事责任主体的资格，好比一个人消亡后就无法从事任何行为，也不用承担任何责任一样。

虽然公司的清算和注销过程时间比较长也比较麻烦，而且还会需要一定的费用（公司承担），但即便如此，如果公司走到这一步，这个手续也是必不可少的，因为只有这样，股东才算完全履行了职责，而且彻底将公司的经营风险跟自己隔离开；否则，公司如果长期停止经营，还会导致公司被吊销营业执照，另外还可能因为无视公司损失的扩大或者未经清偿公司债务、股东私分公司财产而承担相应的法律责任。

11. 创业者不注意用工问题

有些创业者不重视劳资关系的处理，从而导致劳资纠纷不断，最后造成企业经济损失和声誉受影响。如果企业涉嫌违法将会涉及更多的赔偿，比如没有缴纳社保的还需补交社保，另外还会赔偿没有签订合同者的双倍工资、经济赔偿金、经济补偿金等，企业违法用工还会受到人力资源行政部门的行政处罚。

企业还要注意对员工入职进行审查，如果招用与其他用人单位尚未解除或者终止劳动合同的员工，给其他用人单位造成损失的，可能会承担连带赔偿责任。企业也要充分发挥保密协议、培训协议和竞业条款的作用，防止员工利用培训了解到的商业秘密做出不利于企业的行为。

12. 创业者不注重债权债务管理

创业者如果因为想快速提高销量，忽视赊销的管理和控制，结果将形成呆账、死账而无法收回，给企业造成重大经济损失，甚至有可能因此导致资金链的断裂而倒闭。因此，企业一定要建立账款回收制度并严格执行，同时也要结合对合同的审查和履行的规范，为企业规避风险。对于重大的项目和合同一定要提前做合作方的资信调查，主动了解有逾期情况客户的经营状况和资产情况，弄清楚它的资产权属、性质和范围，方便在发生诉讼时可以直接进行保全，防止扩大损失。

13. 创业者不注重知识产权保护问题

很多创业者认为自己是小企业，所以对商业秘密、专利、商标等知识产权很不重视，结果时有发生侵权事件和技术泄密。其实，有一个常识还是要强调一下：不分企业大小，都要做正确的事情，法律面前，人人平等。创业者要注意保护自己，建立知识产权整体保护策略、商业秘密保护制度，及时申请版权注册，及时申请商标专利，及时进行知识产权海关备案；发生侵权的时候更要及时提出异议及异议复审行政程序，发生纠纷时要特别注意知识产权的调查取证。概括一下，创业者要综合运用司法保护与行政保护这两种途径开展知识产权保护。

14. 创业者不注重各类协议、章程和公司制度

规章制度是企业的内部"法律"，贯穿在企业的整个用工过程中，是所有企业规范运作和行使用人权的重要方式之一。企业应当最大限度地利用和行使好法律赋予的这一权利，规范员工与公司的关系，规范高管与公司的关系，确立奖惩、考勤、会议等制度。成功的企业制度，其效果是使企业运作高效、流畅、平稳，基本上也可防患于未然，让企业拥有不战而屈人之兵的势能，即使不得不战时也可以让企业打有准备之仗。

如果企业有多位投资者，那么在投资者之间也要签订投资协议、合伙协议，制定章程，因为这是投资者之间权利义务分配的主要依据，涉及权利的行使和利润分配等。如果有哪一方违反相关规定，那么守约方是可以依据相关约定追究违约方责任的。

特别强调，投资人之间也要签订竞业限制协议和商业保密协议，并且承诺在合作期间，以及合作结束两年内不得从事同行业和高相关度的行业。这样

才能有效防止个人私心的膨胀而导致公司分裂。竞业限制协议还可延伸到企业核心技术人员和中高管理层，特别注意在新员工入职前就要实施。

最后，我给创业者三个建议。
- 自己找时间多看一些经济和法律方面的书。
- 交一些懂法律的朋友，或者认识一些律师朋友，方便询问。
- 如果公司的运行还可以，就跟律师事务所签约，他们会派一位专业的律师跟公司对接，解决企业发展中碰到的法律问题。

三、创业抓住重点的法则——二八定律

"二八定律"（也称为80/20法则、关键少数法则、帕累托法则）是意大利经济学家帕累托提出的，并在他的著作中说明了该现象，例如，意大利约有80%的土地由20%的人口所有，80%的豌豆产量来自20%的植株等。许多研究人员在自己的研究领域观察到了类似的现象，甚至可以应用于我们的个人生活。习惯上，"二八定律"讨论的是最顶端的20%，而不是底部的80%（从统计学上来说，精确的80%和20%出现的概率很小）。

"二八定律"得到业界推崇的原因，就在于它提倡的"有所为，有所不为"的经营方略，从而确定了企业的视野。如果要用好"二八定律"，每个企业必须弄清楚自身客户中的20%到底是哪些，然后把自己经营管理的全部注意力集中到这20%的重点要务上面来，如果采取有效的倾斜性措施，那将确保重点方面取得重点突破，还可能带动全面，取得经营的整体进步。

"二八定律"的道理在于，不做平均地分析、处理和看待问题，创业者在企业经营和管理中一定要抓住关键的少数，要找出能给企业带来80%利润、总量却仅占20%的关键客户，加强对他们的服务，才能达到事半功倍的效果；创业者不但要对工作认真做分类分析，还要将主要精力花在解决主要问题、抓住主要项目上面来。有个经典的故事：

一位教授上课的时候，拿出了一个大玻璃瓶，又拿出一袋核桃和一袋沙子。然后他对学生说："我在年轻的时候也看过这个实验。结果至今还一直激励着我，我希望大家也能记住它。"接着教授将袋子里的核桃倒进玻璃瓶里，直到一个核桃也塞不进去才停下来。这时候他问大家："现在瓶子装满了吗？"

同学们都说已经装满了。接着，教授又拿出一袋沙子，用沙子继续填充剩下的空间。教授问道："大家可以通过这个实验得出什么道理呢？"大家纷纷说出了自己的看法。最后，教授评论说："你们说得都有道理，但是大家是否可以逆向思考一下呢？如果我们刚才装瓶子的顺序变一下，先装沙子，然后装核桃，那么沙子装满后还能再装下核桃吗？你们思考一下，如果我们的人生经常被很多无谓的小事所浪费，忽视了那些真正重要的事情。结果，我们就会浪费我们的人生。所以，我希望大家能够记住这个实验结果。记住如果沙子先塞满了，就再也装不下核桃了！"

创业者在面临激烈市场竞争的时候，总会感觉到事情又多又杂，千头万绪，有忙不完的事情，我常常能看到一些创业者习惯做公司的消防员，哪里有急事就去哪里，永远都在处理紧急事务中，但其实这个做法是避重就轻，没有找到发生这些紧急事情的背后原因，如果是公司制度上的问题，就应该改进，如果是人员的问题就应该及时调整岗位，而不是将时间浪费在这些"沙子"一样的事情上，而忽视了如完善公司制度或者知人善任这些"核桃"一样的重要事情。创业者一定要清楚哪些才是最关键和最重要的事情，分清事情的轻重缓急，这样才能让自己的创业之路更加顺利。

如果我们在生意中留心一下，也许会发现一个事实：总是那些20%的客户给你带来了业绩，可能还创造了80%的利润，还有20%的产品种类给你带来了80%的销量；另外，公司的事情有20%的事情是重点问题，这20%的事情可能决定了80%的结果。当然，在各类的数据中，并不是20%和80%这两个数字分毫不变，它们也不影响这个法则的意义，创业者的时间是很宝贵的。该怎样让时间变得更有价值，就在于我们抓住关键的20%，就像在我们创业工作计划的这个玻璃瓶中先装上核桃一样，才能让我们的创业事半功倍！

我以销售为例子说明一下这个"二八定律"的应用。我做销售工作的时候，坚持将客户分成钻石客户、黄金客户、白银客户、准客户四类，对客户做区分，有利于时间和精力的安排。什么才是钻石客户？就是整个公司最重要的那一两个客户，这一两个客户的特点如下：客户的订单金额很大或者给公司带来的利润很高；有可能在密切的跟进中增加下单的数量，或是帮忙介绍带来其他客户；客户自身的实力很强，在所属的行业有标杆性，跟这种客户合作本身就有广告效应。那什么是黄金客户？就是比钻石客户小，但也算是公司的大客户，钻石客户和黄金客户加起来的总利润或者销售额能达到公司利润总额和销售总额的80%。什么是白银客户？就是公司其他的零散客户，数量很多（估计能达80%），跟公司有成交记录，但是这些客户占公司的利润总额或销售总额不大（估计只占20%）。准客户的特点就是有强烈意向，但尚未成交的客户。我维护客户的原则就是抓住钻石客户和黄金客户，跟进好、服务好、配合好他们的工作，在他们身上投入足够多的时间和精力，而对于白银客户，我就要做客户分析了，在这些白银客户里面，分析针对这些客户销量不高的原因，将这些客户分成三类：若是客户自身实力的原因，那么怎样跟进，销量也不可能提高；客户有一定实力，由于公司和客户之间合作沟通的问题，导致客户对公司没有信心；客户的实力很强，是竞争对手的钻石客户，而我公司只是他的"备胎"而已。我针对第二类和第三类的客户进行跟进，这个类别看起来多，但其实绝对数量并不多，因为有实力的客户大概也就占了市场的20%，我就在这些有实力的客户里面再开发出我的钻石客户和黄金客户，至于数量多而实力不强的客户，就不要花费过多时间和精力了。

创业者还可以应用"二八定律"做时间管理的高手，管理时间有以下三个技巧。

- 将每天要做的事项写成一份清单。
- 确定优先顺序，从最重要的事情开始做起。
- 坚持每天都这么做。

这三条建议的关键点在于根据事情的重要程度决定优先顺序。

找出最重要的事情，然后做最重要的事情。举个例子，如果把A类事情作为自己最重要的、最有价值的、最关键的事情，那么保证首先把A类事情做好，将最好的精力集中到A类事情上来，其次是B类事情，然后是C类事情，然后是其他类别的，对于一些不紧急不重要的事情就不要去做。做好事情的关键是分清ABC等级。

A：占比为20%的最关键的事情

B：剩余80%中最重要的事情

C：做自己该做的事情

如果创业者能把每天的工作事项安排好，也就能抓住重要的事项。对于创业中各项繁杂事务的处理，将大有帮助。

总结一下，"二八定律"是分析式的方法。"二八定律"的用处是让人注意到造成某种状况的关键原因。假设20%的顾客购买了80%的产品，那么这20%的顾客就是商家要特别关注的对象；公司80%的利润来自那20%的产品，那么这家公司就应当全力来销售这部分高利润的产品。"二八定律"之所以有意义，是因为没有任何一种活动不受它的影响。创业者只有知道这20%是谁，才能清楚地看到未来成长的方向。

四、创业最值得养成的习惯——微习惯

中西方关于习惯的名言中，我最喜欢的是孔子说的"少成若天性，习惯如自然"和培根说的"习惯是一种顽强而巨大的力量，它可以主宰人生"。

在创业中，如何养成一个好习惯，让创业能更快、更好地推进呢？我认为最好是从"微习惯"开始，《微习惯》的作者斯蒂芬·盖斯，跟我们一样只是个普通人，他立下各种誓言，却总是坚持不了多久。斯蒂芬·盖斯后来坚持每天至少做一个俯卧撑，这成了他培养的第一个微习惯。两年后，他拥有了梦想中的体格，写的文章是过去的四倍，读的书是过去的十倍，还写了《微习惯》这本书。这个微习惯的好处就是每天做"一点"，这个"一点"足够小，小到让我们内心不会抗拒，所以就容易坚持下去，而且，由于定的目标足够小，所以，只要超过制订的目标，我们就会很有成就感，这样也有助于更好地坚持下去，试问一下，我们一个正常的成年人，每天做一个俯卧撑是个什么概念，能不能说就是一个小到极致的习惯，正常来说，很少每次只做一个的，那么，多做几个就成了必然，这些多完成的任务会在我们锻炼身体的同时，也给了我们极大的成就感，这个成就感就会支持我们继续坚持下去。这就形成了一个良性循环。反之，包括我本人在内的很多人，想完成一个什么目标，由于太急于求成，想着一步到位，总是给自己每天定一个很大的任务量，因为定的任务量太大了，执行起来的结果就是要么是时间不允许，要么是体力不够，要么是中途间断了几次之后就不了了之了。除此之外，还有一个副作用：在不断的定下目标和坚持不了的恶性循环当中，让自己拥有了强烈的挫败感，对于自己的改变也失去了信心。

"微习惯"的策略被证明是一个非常有效的策略，我本人也是在"微习惯"的作用下，让自己的身体变得更好，让《蜗牛式创业》这本书稿得以完成。

为什么"微习惯"有这么大的作用？这是因为"微习惯"是一种很小的积极行为，你只需要每天完成就可以了。因为微习惯太小，小到不可能失败。正是因为它的这个特性，它不可能会给你造成什么负担，而且对惰性具有很强的"欺骗性"，也因此成了最佳的习惯养成策略。水滴石穿，非一日之功。好习惯同理，给我们带来的改变也是惊人的。

作为创业者，我对创业的艰辛深有体会，工作量和工作强度都很大。在这样的情况下，要固定拿一块比较长的时间段来做某件事，几乎是不可能的。最理想和最务实的做法是让自己养成"微习惯"，懂得利用碎片化时间，比如，每天跟一位老客户联系一下、每天看一页书，每天……通过这些"微习惯"，让自己变得更好。我从哲学的角度来理解"微习惯"，就是"微习惯"有助于"质变"引起"量变"，而养成"微习惯"有助于"量变"引起"质变"，具体而言，我们想做一件什么事情，从"没做"到"开始做"，这个就是质的改变，然后又在"质变"的基础上不断地累积"量变"，因为"微习惯"足够小，有助于我们不断坚持，所以，我们就是在不断地坚持中"量变"，当"量变"到一定程度的时候，又形成新的"质变"，这个就是"微习惯"的意义。而我们只要坚持对我们创业目标有利的"微习惯"，我们就能在"质变"和"量变"的不断循环变化中得到成长。

每天做一件小小的事情，但是坚持下来却可以令自己有一个不同的人生，希望创业者尽快给自己一个"微习惯"，这是一个突破自己的小小动作。创业者最好也拥有微习惯，这才有助于快速进化自己，为创业成功添砖加瓦！

五、创业需要明白自己是谁和要做什么——定位

"定位"是一个既专业又普通的概念，它专业到创业者要做适合和最优化的定位并不容易，但它又很普通，因为每个人都有自我定位。以下分两部分讲定位的问题，第一部分是探讨创业者如何找到适合自我的定位，第二部分是探讨产品的定位。

1. 自我定位

每个创业者一定要给自己定好位，要做什么样的人，想成就怎样的人生，就要朝着那个方向努力。准确的定位，会让人比较容易获得成功。如果没有勇

气，总是害怕自己不能达到目标，将自己的定位设得很低，那你永远也不会拥有和别人一样的成就。定位就是解决创业者作为独立个体所需要思考的哲学问题。拿破仑说的"不想当将军的士兵，不是好士兵"，还有我们常说的"你有什么样的定位，就会有什么样的人生"，说的都是这个道理。比如创业，你可以将自己定位成一支"冲锋枪"，冲锋枪的特点是可以不断地扫射，子弹打光了，可以再加子弹继续扫射，这个定位就需要你有长期的规划，一步一个脚印稳步前进，沉下心来做基础性的工作，按照事物的正常发展规律去做事，春天播种，秋天收成，最后有稳定可持续的发展，是个接近"蜗牛式创业"的做法；而如果你将自己定位成一颗"炸弹"，那就一定要快，更快，最快，不求长久，只求速度！找某个项目轰一下，在那一瞬间的巨大威力下，看看可以给自己一个多大的成果，这是另一种创业方式。

对于创业者而言，要让自己努力的初心和结果是相符的，就一定要做好自己的"定位"，一定要能回答柏拉图的这三个问题：我是谁？从哪里来？到哪里去？回答这三个问题有助于解决创业的很多问题。下面是一个是否适合创业的评估。

假设你是一个想辞掉工作出来创业的人，请回答以下三个问题：

▷ 你是谁？

你是一个想创业的人。

▷ 你从哪里来？

（你要想清楚以下几个问题，有助于判断自己的状况）

到底是以前的什么经历让你有出来创业这个想法的？（原因到底是对自己的不满，还是羡慕别人，或者是其他什么原因）

你拥有什么呢？（技能、经验、资金、思维、时间、人脉等）

你现在的经济状况到底是怎样的？（有足够的资金支持创业的试错成本吗？）

▷ 要到哪里去？

现在出来创业，你要选择什么项目？估计会遇到哪些困难？你打算怎样解决这些问题？做最坏的情况估计，如果创业失败了你将会怎样面对？还有哪条退路？对于一些有可能发生的事情如何面对？

你创业的项目远景规划是怎样的？创业想达到什么目的？

如果不创业，继续目前的工作，那你以后的方向是什么？有没有失业的风险？还要面临哪些可能的事情？

思考过上述问题，相信你应该能做出更加理性的决策，到底是继续工作还是去创业。这样就有一个准确的"自我定位"，不会让自己南辕北辙。

总结一下，准确的自我定位其实就是对自己有一个清晰的自我认知，对自己的优势和劣势要有一个客观的评估，在"目标"和"能力"之间取得平衡。

2. 产品的定位

当我们谈到产品的定位，首先要了解产品的本质是什么。简单概括，就是解决方案。因为客户买某个产品是为了解决某个问题。比如，一个客户购买了铁钉和锤子，他想在墙壁上钉上铁钉，但他将铁钉固定在墙上，只是实现他目标的一个手段而已，他的最终目的是在墙壁上"挂东西"，这也是他的核心需求。实现他的目标其实有很多种方式，如果能给客户更好的解决方案，比如一块不干胶挂钩，不钉钉子也可以贴在墙壁上挂东西，那客户就不用买钉子锤子了。这个小例子说明产品自身不是本质，只不过是一种载体。我们要透过产品看到客户购买的是解决方案。

所谓"产品定位"，是指企业用什么样的产品来满足目标消费者或目标消费市场的需求。从理论上讲，我们应该先进行市场定位，然后再进行产品定位。产品定位是对目标市场的选择与企业产品结合的过程，也就是将市场定位企业化、产品化的工作。产品定位需要在目标群体的心智中找到，然后将它牢牢地占据住。这里面有一个概念要明确，就是我们去定位某个产品，不是指去创造某种新的、不同的事物，而是在目标群体心智中已经存在的认知基础上去进行操作，重组已经存在的关联认知。

"你关心的，才是头条"

"百度一下，你就知道"

"微信，是一个生活方式"

上面这些我们耳熟能详的广告语，因为它有准确的定位，当你有需要的时候，就会不由自主地选择他们的产品或者服务。这就在事实上说明这些根深蒂固的定位已经完全深入用户的心智。定位的本质是将目标群体的认知当作现实来接受，然后重构这些认知，在客户的心智中建立我们想要的信息，这是一种由内到外的手段。要做到这一点，我们有以下几个原则。

（1）我们要聚焦于狭窄目标，找到细分市场；努力成为某个细小品类的第一，才能进入目标群体的心智。

（2）切记不要试图改变客户的心智，改变是一件徒劳无功的事情，因为客户只接受跟以前的认知和经验相符的信息。

（3）一定要简化信息，并聚焦于信息接受方的认知，而非现实。

怎样做好产品的定位，是一个知易行难的事情，因为产品定位不是一个理论，而是一种实践，你不管从哪里切入进行产品定位，市场定位这个根本基点是绕不开的，不论是定功能、定价格，还是定概念等，都要围绕"定市场"这个中心点展开。

以下是产品定位策略，可以分成五个步骤进行。

● 确定当前的产品定位。

首先，要了解自己当前的产品细分市场的目标客户并确定他们是谁；其次，要确认产品的使命、价值，以及优点；最后，要评估一下你的价值主张、以及当前的消费者画像和产品角色。

● 确定产品的竞争对手。

● 进行竞品研究。

在确定了哪些是竞品后，就可以进行深入的竞品研究。你可以采用"目标市场分析"帮助你的营销分析。研究应包括以下四个问题：竞品提供什么产品或服务；它们的优势和劣势是什么；它们成功使用了什么营销策略；它们在目前市场中的地位是什么。

（4）确定自己的产品定位跟其他产品的差异点。

建立独特的产品就是要确定什么特点让你的产品与众不同，以及什么对你的业务才是最有效的。将竞品的弱点作为你的产品定位的优势来发展，形成你的产品差异化特色，让客户明白这就是使用你的产品与众不同的原因。因此，在进行竞品比较时，一定要注意你的独特创意，千万不要和同行千篇一律。从而树立你的品牌形象。

（5）创建你的产品定位声明

利用你所学到的知识来创建产品定位声明。产品定位是用一两句话将品牌的独特价值传达给客户。

总结一下，任何创业者都能运用定位战略在企业的竞赛中领先一步，或者说，如果创业者不懂、不会运用定位，将会让竞争对手抢占先机。

六、创业者全面掌握问题的方法——培养系统思考的习惯

创业的朋友们，跟我来一趟系统思维之旅吧！

旅途准备：为什么要开启系统思维训练之旅？

中华文化博大精深，每一个成语故事都包含着深刻的哲理。"城门失火，殃及池鱼"的故事大家都听过，讲的是城门起火了，赶来救火的人去打护城河的河水救火，结果把护城河里的水都用完了，导致护城河里的鱼全部都死了。

这个故事告诉我们，火、水、鱼三者之间是有联系的，水能灭火，这个是直接联系，鱼和火则是间接联系，它们是通过水这个中介而联系起来的。

这个故事虽然看起来简单，但它是有代表性的，因为分析这三者之间的关系就是一种系统思考，系统性的思维习惯并不是生来就有的，而是后天习得的。形成这种思维习惯，对于创业者在人生中面对复杂的问题，在工作中解决实际的困难都大有裨益，是一种必须掌握的思考方法。创业者只有全面地、系统地认识问题、分析问题，才会尽可能地避免失误，完美地解决问题。

旅途之始：什么是系统思考？

盲人摸象的故事家喻户晓，讲的是几个盲人来到王宫拜见国王，对国王说："大象是种体形巨大的动物，我们没见过，非常好奇，所以想亲手摸摸大象，想知道它是什么样子的。"国王同意之后，盲人们摸到了大象，于是国王问盲人大象是什么样子的，摸到大象腿的人说："大象就像一根柱子。"摸到大象鼻子的人说："大象长得又粗又长，就像一条蟒蛇。"而那个摸到大象耳朵的人则说："大象就像一把大扇子。"摸到大象身体的人说："大象就像一堵墙。"最后，摸到大象尾巴的人说："大象又细又长，就像一根绳子。"现在我们来一个假设，如果我是盲人，我现在应该如何得到大象的完整信息呢？我们必须采用系统思考的方法去分析和解决问题。那么到底怎么才算是系统思考呢？

我们这次的旅途主要是面向创业者和企业管理者的。有句俗话，"大海航行靠舵手"。企业管理者就是掌握在大海里航行船只的舵手，无法全面系统地思考，可能会碰到更多的风险。那么什么是系统思考呢？又该怎样去系统思考呢？

首先我们需要从一种思维方法的角度去理解什么是系统。在这趟思维的旅途中，我们所说的系统包含三大要素，即元素、关系或结构、功能与目标。所谓元素，就是系统的组成部分，是可以将系统拆分成的一个个节点，从企业管理角度来说，就是关于企业的各个环节。而所谓的关系或结构，就是各元素之间依靠关系或者结构组成的系统。在企业管理当中，系统指向的功能和目标从根本来说就是为了盈利，更通俗地说就是赚钱。

适应性、自组织以及层次性又是系统的三大特征。系统能够进行自我调节，从而去更广泛地适应系统环境，就像人的免疫系统会自我调节来保护人体，这就是系统的适应性。而系统的各元素又会自发地形成组织，表现出系统的自组织的特性，比如生物界中群落的形成，又比如人类社会的团队、部落和国家。在形成系统之后，又会自发地形成层次，例如公司的管理层次。

在明确了系统的概念之后，我们终于到了能给系统思考下一个定义的时候，在进行系统思考的时候，我们先是要把各类事件看成一个活动的整体，然后从整体的角度去思考各个元素或者理想的关系，这对培养人类对于复杂性的、变化着的事物进行理解和思考是非常重要的，尤其对组织的管理者或者有创业想法的人是非常重要的。系统思考更强调一种整体和动态的思考过程。

系统思考的三个维度

只理解系统思考的基本及深层次概念，对想要在本次思维之旅中走得更远，更加游刃有余解决各类困难事件的"高人"来说是远远不够的。在系统思考的概念之外，还应该有三个维度，它们是动态思考、深度思考和全面思考。

第一个需要记住的维度就是动态思考。

早睡早起对人是有益的，这是小朋友都知道的事情。但是起床困难可能是每个人都经历过的事情。那么应该怎样用系统思考的动态思维方式去思考呢？对于这个问题，从结果论的角度来说，只要实现按时起床的目标就够了，于是直接定一个闹钟；而从原因的角度思考，就要调整作息时间了。那从系统思考的动态思维该去怎样思考呢？就是要明确为什么要调整作息时间，调整作息时间又会带给自己什么。之后，就会想各种方法去根本性地解决自己无法早起的问题。例如缩短通勤时间，或者能不能改善睡眠，或者可不可以不早起。虽然这看起来有一些复杂，但是思考的过程是非常快的，而且能够从根本上解决这些问题。

所以，系统思考的动态性就在于复杂的问题中，往往各元素不是简单的因果关系，而是不断往复的因果循环，能够转因为果，或者转果为因。越是复杂的事件就越是一个循环往复的动态过程。

系统思考的第二个维度就是深度思考。

深度思考，顾名思义就是对待复杂事件时不能只看到事物的表面，而是要看到事情背后的趋势和模式，区分目的和手段。

近年来各种校园霸凌事件被诉诸报端，令社会大众充满愤慨。对于各类校园霸凌事件，从表面上对其进行孤立地看待，就会简单地将这类事件归因于学生的心理素质的问题。但是，社会及大众有责任看到这类事件的背后。分析校园暴力的趋势，就会看到，各类校园霸凌事件绝对不是孤立的，要从事件发生的趋势去分析，才能真正地减少这类事件的发生。这就是分析事件背后的趋势的必要性。

深度思考又可以被称为一种识别模式，就是看清和找到事物发展的背后规律。比如人很容易从他人身上找原因，而不会首先认为是自己错了，这就是一般规律。而在管理中，企业领导者认识到自己的错误，要及时止损。

区分目的和手段是深度思考的最后一个关键所在。例如，对于上班族来说，在办公室坐久了，颈椎、腰椎等可能会出现问题，于是就会想到去锻炼。但是锻炼不是最终目的，而是让自己身体健康的一种手段。可是许多人却将锻炼视作一种安慰，最终没有实现身体健康的目的。所以，深度思考可以让人直面问题，然后从根本上解决问题。

全面思考是系统思考的第三个维度。

所谓"不识庐山真面目，只缘身在此山中"，全面思考可以看成跳出系统看系统，要深入了解一个事物、一种关系，就应该在一定意义上置身事外。就如同我们前面谈的早起，如果从本质上解决生活平衡问题，根本不需要考虑早起。这其实是跳出了问题所在的层次，把问题变成不再是问题了。当然，还有另一种跳出问题的方式，那就是解决出问题的人，这也是跳出了系统全面思考不仅是一种格局，更是一种能力。就是通常被大众提起的眼界与大局观。深度思考和动态思考可以成为系统思考的一个平面，那么全面思考就会让系统思考更加立体化。

说到这里，盲人摸象中的盲人如何得到大象的完整信息，各位有答案了吗？

旅途之中：如何进行系统思考？

在充分了解了系统思考的概念和维度之后，如何在我们一团乱麻的工作和生活中运用系统思考的方法呢？

从局部思考走向系统思考

在现实工作和生活中养成系统思考的习惯是需要时间的，但首先需要具备从局部思考走向系统思考的意识。

我们用一个故事说明什么是局部思考。小王闲来无事在公园里散步，看见一个老大爷在公园里写字，小王走近看看大爷写的是什么字，大爷写下一个"滚"字，小王觉得有些气愤，又凑近了看，大爷又写了一个"滚"，小王更气愤了，于是找周边的人给评理。后来大爷写下了完整的一句"滚滚长江东逝水"，最终小王悻悻地离开了。这虽然是个有些荒诞的故事，但是却很好地说明了局部思考的缺陷。

在企业中，局部思考可能对企业的生产效益有不良的影响。企业在运营的过程中，面临的市场环境是复杂的，要处理好与自己的客户、上下游合作伙伴、竞争对手、政府以及媒体的关系。如果只看到一种或者几种关系，而不去全面地动态地处理这些关系的话，就很可能使企业运营陷入困境。摆脱局部思考的局限性，培养全面思考的能力，是创业者或管理者应当具备的素质。

邱昭良先生一直以来对系统思考有着独到的见解，其提出的各种系统思考的方法尤其是对企业的管理者产生了深远的影响。他的著作《如何系统思考》成为企业管理人员的必备书籍。他在书中介绍的"思考的罗盘"是一个能够帮助大众实现从局部思考走向系统思考的重要工具，这种方法明确且操作性强。希望创业者去阅读这本书，更细致地了解和训练，提高系统思考的能力。

旅途之终：系统思考在创业中的运用

开始这趟系统思维之旅的目的就是要让系统思考这种思维方法在创业中得到运用。

在企业中，常会发现不少人在分析问题，尤其是对待复杂问题的时候分析得很浅，无法从局部看到整体的问题。面对复杂的工作任务时这种不良的思考习惯就表现地越发明显。

销售做不好，就将原因归咎于产品不好；

产品部不愿意"背锅"，就会说"我们的设计是没有问题的，产品不好是生产部门的事儿"；

生产部门就会推脱说"是采购部买的原材料不行"

……

推来推去，每个人好像都"没问题"，最后，问题好像只能在公司外部——客户太挑剔、竞争对手在"搞鬼"，或者市场不景气、政策限制、大环境不好……

一味推卸责任、"归罪于外"，归根结底还是线性思考模式在作怪——只是简单地将问题归因于一两个因素，或者认为存在唯一的"罪魁祸首"。

不仅如此，公司内部各个部门本来应该是按照职责分工，各司其职，没有什么"高低贵贱"之分。事实上，如果哪个部门没有价值，它根本就不会存在于这个系统之中。

但在现实中，每个人似乎都会夸大自己工作的价值，看不起他人，形成了一条又一条"鄙视链"。

因此，创业者在创业的过程中，面对复杂的问题时，要避免局部思考的弊端，养成系统思考的思维习惯。熟练运用系统思维的方法，从整体思考问题，解决问题。全面地思考创业的过程中面临的各类问题，找到解决方法。

希望每个有创业想法的朋友能够在这趟系统思维之旅中有所收获！

七、创业中高绩效组织的必修课——金字塔原理思维

下面是三个经常出现的生活场景。

第一个，身处互联网时代的我们，亲历科技的发展日新月异、瞬息万变、一日千里。这个世界上的某个国家发生的大事件，我们可以通过网络马上知道，甚至还能看到正在发生的事件直播。每当我们碰到什么问题，光是上网

搜索这一种方式就可以让每个人以接近零的成本了解到很多想了解的事情，网络的信息量、知识量实在是令人恐怖的。很多人也知道这个方法，这么发达的科技，我们要了解什么事情会了解不到？那了解到这么多信息，我们找到解决问题的方法了吗？事实上却是令人啼笑皆非，我们还真的找不到我们想要的答案，比如某个家长发现孩子早恋，问了很多人，自己也找了很多资料，买了相关的书看，最后也不知道怎样处理合适；某个创业者现在想要上一个项目，收集到各方面的信息，还有团队内部的不同意见，该如何去分类做出判断？懂得很多，知道很多东西，却还是解决不了问题，总结一下，有以下几种状况：

▷ 自身的能力所限，想要了解的东西根本不知道怎么表达。

▷ 已经知道自己想要什么东西，也找了很多信息，但是找信息的渠道单一，找了一堆同质化的信息，结果找十个信息跟找一个信息的结果差不多。

▷ 找到了很多有用的信息，但是信息量太大根本不知道如何筛选。

▷ 筛选下来的信息已经摆在面前，但是该如何分类，如何分析这些资料从而解决问题。

第二个，小李在公司是做市场调研的，在公司市场调研报告会上，他上台差不多讲解了一个多小时，虽然报告的信息量很丰富，而且小李的口头表达能力也挺好，但是台下的同事们却听得一头雾水，不知道小李想要传递什么信息。小李的这个讲解为什么会让大家听不明白呢？简单来说，小李说话缺乏条理性！说话有逻辑真的很重要。我们通过一个结构去看待事物，往往就能化繁为简。而我们如果平时在文字表达和口头表达上，不重视逻辑结构，导致杂乱无章和缺乏要点，就会讲一大堆废话，让听众一头雾水。

第三个，我们还会遇到类似这样的情况，比如某个熟人想请你办件事，然后他在电话里跟你讲了大半天，讲到你都快打瞌睡了，还没有听明白他究竟要你如何帮他。

以上这三个事例看起来好像毫不相干，但其实内在却有相通之处，就是缺乏"金字塔原理思维"而导致的。

"金字塔原理思维"是指建立一个思维分析框架，将复杂的问题现象结构化，让其表现形式简洁，然后用逻辑思维分析，找出问题根源或者事物本质。很多时候，内行与外行的差别就在于在头脑中是否有这个行业的思维分析框架，即是否形成这个行业的知识体系。每个专业领域都会有一套体系，我们在行业的学习与实战也会帮助我们构建知识体系。当我们面临一个问题时，如果从结构化的视角去审视和思考，也会看得更全面和清晰。只有优秀的问题解决者才能重新定义和制定规则。

"金字塔原理思维"既是一种思维方式，也是一种非常理性的思维，包括我在内的很多创业者都是"重知识、轻思维"。因为以前在学校读书的时候就没有意识跳出课本去思考，只是想着如何更好地完成学校的作业，总之该背的背，该写的写，应付好每一次考试，即使学习的成绩不差，记住的东西不少，也就仅此而已。平常我们对于一些问题的思考深度不够，不是什么悟性不够，有很大原因是我们没有真正学会如何跳出知识本身，去进行结构思考。如果我们没有认识到自己的"思维"是如何运作的，就会很容易受困于某个框架而不自知；当我们能够意识到"思维"的运作模式并能积极感知和调整，便很容易跳出束缚自己的框架，从而站在更高的角度去审视自己，并找到适合自己的"思维模式"。

以下我将重点分析"金字塔原理思维"。创业者不管是对于自己企业问题的思考，还是向员工或者向客户分析公司的发展战略，应用金字塔原理思考表达最适合了。金字塔原理的基本结构：结论先行、以上统下、归类分组、逻辑递进。

1. 结论先行

结论，就是指从一定的前提推论得出的结果，是对事物做出的总结性判断。其实是先总后分的体现：先框架后细节，先总结后具体，先结论后原因，先重要后次要。这是自上而下表达方式的体现。结论是相对于一定的条件而言的，结论与条件互为因果关系。条件是引起一定现象的原因，结论是由于条件作用而产生的结果。在一种环境条件下形成的结论，如果换到另外一种环境条件下，可能就变成了另外一个结论的条件。可见，结论是一个相对的概念，并不是固定不变的。

因此我们可以说，结论就是在某一环境中，或者是基于假设条件和某种前提下，在对有关信息进行充分思考的基础上，经过某种形式的推论后，形成的用以表明一个明确的立场、态度、主张、见解、观点、意见的总结性的论断。

简单概括一下,"结论先行"的意义就在于让对方看到或者听到你的结论之后,能够明白在当前的环境和条件下,你想要表达的核心思想是什么。实际上,无论你说了多么具体的细节内容或者采用了什么样的论证方法,都只是为了论证和说明这个核心思想。如果还不明白的朋友们,就回忆一下小学读书的时候,语文老师作文课上讲的"总—分—总"结构中的"总",也就是在作文的第一句话,先用一句话概括整篇文章,也就是这里讲的"结论先行"。

创业的节奏是很快的,很多时候,我们面对客户推荐我们的产品或者项目,如果讲了半天也没有讲明白到底是怎么一回事,就会严重影响我们的销售进度。举个销售产品的例子,一个卖保健产品的人如果向客户推销产品的时候,一开始就说,我们的产品是哪个国家进口的原料做的,我们的产品有哪些营养成分,我们的公司一年有多少销量,我们的产品获得了多少个专利……这样的表达方式肯定是说了半天,客户也不知道你的目的,甚至还没有表达完,可能就被客户赶出去了。面对这个情况,其实最好是分析客户可能需要什么功能或者功效,然后一句话讲我们的产品是什么,对客户有什么好处,价格是多少。这样就是一个最简单有效的沟通方式,客户可以在最短的时间内了解到产品的情况。假如客户没有兴趣,多说无益;如果客户有兴趣,那就再分开几方面来讲,如公司实力、产品详细介绍等等。

在这里,我们可以看到"结论先行"这个高效率方式的威力。通过这样的方式,我们在表达问题的时候,就可以让听众迅速抓住我们要表达的主旨,帮助听众沿着我们的思路去理解内容,提高表达的效率和效果。"金字塔原理思维"可有效提升日常工作中沟通及汇报的效率。

下面举个例子,假设你是总经理,你想要今天下午四点钟开会,你的助理向你汇报:"总经理好!邓经理来电说系统出现状况,他无法参加今天四点的会议了;小李说晚点开会没关系,明天开也可以,但最好别在中午十二点之前开;已经有人预定了明天的会议室,但星期三是空着的;陈总的秘书说陈总明晚很晚才能从外地赶回来。我建议会议时间改在周三早上九点比较合适,您看行吗?"听完助理的汇报,你有什么感觉?你知道如何决策吗?

运用"金字塔原理思维"的表达方式,就是:"总经理,原定今天下午四点的会议可以改在周三上午九点开吗?这样临时有事的陈总、邓经理和小李都可以参加，而且周三会议室也可以预定。"这个典型例子的具体分析如下：

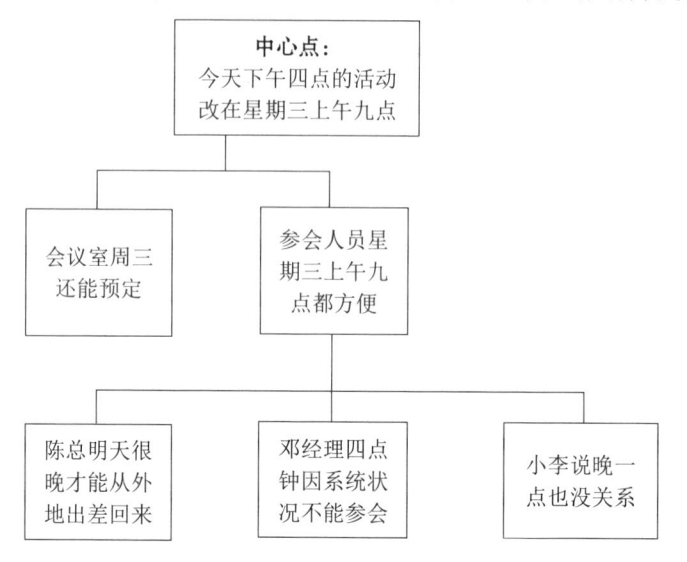

```
           中心点：
        今天下午四点的活动
        改在星期三上午九点
           /        \
   会议室周三      参会人员星
   还能预定        期三上午九
                  点都方便
                  /    |    \
         陈总明天很  邓经理四点  小李说晚一
         晚才能从外  钟因系统状  点也没关系
         地出差回来  况不能参会
```

在商务沟通中，首先，结论先行，有利于提高沟通效率。其次，原因可以被分为会议室和人两类，具体可以概括为参会人员周三时间方便，以及会议室周三可以预定。最后，在人的原因表述中，要按照职务顺序排序，这样符合商务用语习惯。

2. 以上统下

所谓"以上统下"是指上一层结论对下一层信息进行概括总结，而下一层信息则能对上一层结论进行解释和说明。包括下面三层意思：

第一，上层对下层的"概括"，要求不仅要罗列信息，还要对这些信息进行总结，最后形成结论。

第二，下层对上层的"论证"，如果有一个明确的观点，就要给出足够的理由和依据支撑这个观点，能够作进一步的解释和说明。

第三，必须做到"一一对应"，上层和下层之间能够形成严谨的对应关系，而不是牛头不对马嘴。

概括

"以上统下"是高效的体现，但想要做到就必须学会"概括"。"概括"是一个经常被人们挂在嘴边的词语。比如某人听到对方说了一大堆话，摸不着头脑，就会说："你能不能概括一下，说要点。"当你去面试时，考官经常会让你用几句话来概括一下你的性格和特长。总结一下，概括是一种从语言、信息或文字材料中发现并提取出共同之处，然后把它们进行归纳总结，并用简明扼要的语言表达出来的能力。

从认知的角度说，概括就是站在一个更高的层次上认知一类事物的共同本质特征及发展规律，从而有效提高人类认知的过程。

从思维的角度说，概括就是从特殊到一般，从具体到抽象，从个体到普遍的思维过程。

从表达的角度说，概括就是化繁为简、以简驭繁的语言运用过程。

概括能够让我们从整体上把握文章的主旨，帮助读者快速有效地获取信息。因此，我们在写作过程中，能够合理地运用概括，就可以把繁杂的信息进一步浓缩，使文章变得更加简明扼要，让读者能够短时间内弄明白我们想要表达的主要观点。

论证

"以上统下"是强大的逻辑思维的体现。语言表达是否有逻辑，很大程度上体现了观点是否有严谨合理论证的过程，语言表达的逻辑性也能反映出一个人逻辑思维水平的高低。

简单说，"论证"就是一个说理的过程。说理就是要拿出一些理由去反驳或者支持某个观点。一次完整的论证应当具备三个核心要素：论点、论据、论证方式。从逻辑学的角度来看，论点和论据是由"概念"组成的"命题"，而论证方式对应的则是命题之间的"推理"。上中学的时候，老师要求我们写议论文要深刻，这个深刻就是指思想上的深刻，它体现在透过现象深入本质，通过揭示事物的内在关系，让观点具有启发作用等方面。

关于论证，我们可以从逻辑、辩证和修辞三个方面进行考察和衡量。

逻辑方面，主要是看论证是否符合基本的逻辑规范，能否在逻辑上"有效"，不存在逻辑混乱现象。

辩证方面，主要是看论证是否"全面"，能否从不同的角度和立场去思考问题，从而得出不同的结论。

修辞方面，主要是看能否通过论证让对方接受自己的观点，这是一种有效的沟通方式。

对应

"以上统下"是严谨的体现。所谓严谨，就是要能够做到上下层之间一一对应，也就是"上下对应"。

这就必须保持论点与论据之间的统一性，两者需要在同一个范畴内，能够对得上号，不能让论点和论据两者牛头不对马嘴。尤其是一些复杂的内容，我们更需要理清上层和下层之间的关系，严格做到上下对应，确保体现出信息之间清晰和合理的结构以及层次关系。

3. 归类分组

归类分组，将需要表达的内容按一定标准分成不同的种类。归类分组有强大的功能，但是要在自己目标的引导下归类，注意不要归类偏了，因为我们的大脑遵循最省原则，也会遵循最省的归类原则。

比如白杨树、牡丹花、热水器、乌龟、小鸟、老虎、空调、小草、金鱼、洗衣机这十个物品，我们就可以通过归类分组来记忆它们，如动物类、植物类、电器类等，这样我们就更容易记住。再举个例子，我现在是销售部经理，我要对整个销售部的销售业绩进行汇报，我肯定要按照一定的标准来汇报工作，这才能够有条理，让领导听得明白，比如我可以将销售业绩按客户种类来分类：终端客户的业绩是多少，企业客户的业绩是多少；也可以按地域来分类：广东组的业绩是多少，湖南组的业绩是多少。"归类分组"不但可以提高思考问题的效率，还能把问题想得全面。如果你不只是进行了归类，还进行了抽象，那就把归类的层次提升了一级。因为单纯归类，还是属于表层的思维，要想进行深层次的思维，还必须进行推理、抽象。

我们现在处于信息时代，当我们想要写报告或是写文章的时候，最经常碰到的问题其实不是没有足够的信息，而是找到了大量的资料、素材，却理不清这些资料之间的联系，从而让自己陷入了信息的海洋，却不知所措。就像开头的那位负责市场调研的小李一样，说到一个主题的时候，头脑里冒出各种各样的想法，互相混杂在一起，如果想到什么就说什么，就会显得很混乱，让大家很难明白他要表达的意思。因为我们人类大脑的短时记忆特别有限，所以当我们的大脑发现需要处理的信息太多的时候，就很容易放弃接受信息。

综上，我们在需要将事情说清楚，而必须用大量信息来支撑时，我们就可以把信息进行归类分组。

归类分组主要通过信息归类、归纳共性、结构提炼三个步骤来完成，也可以称为"三步法"。信息归类，是指列出需要的所有信息项，将类似信息进行连线分组。归纳共性，则是查看每组的各条信息，提炼共性，概括整组信息。结构提炼，就是检查分组，查看是否需要补充或有重复，及时调整。

在"归类分组"的过程中，我们还需要用到 MECE（Mutually Exclusive Collectively Exhaustive）原则。

该原则包含两个内容。M 和 E 的意思是"相互独立"，也就是说在分类的时候，每个层次的组别之间的信息没有重叠；C 和 E 的意思是"完全穷尽"，指的是没有遗漏其他重要信息，整个结构是完整的。总体来说，MECE 原则就是"不重不漏"。我们在分析商业问题时，比如分析公司利润下降的原因，需要严格做到 MECE，才可以有效解决问题，从而避免遗漏。但在很多场景中，我们没有必要严格做到 MECE，比如在与朋友沟通表达观点时，我们没有必要穷尽所有因素，但有必要做到相互独立，否则，对方就会觉得你翻来覆去说着雷同的话，前面一搭后面一搭，没有逻辑可言，也根本不知道你在说什么。

总结一下，归类分组可以使用三个步骤，包括信息归类、归纳共性以及结构提炼。同时，我们还要注意，归类分组需要符合 MECE 原则，也就是要相互独立、完全穷尽。当然，在很多使用场景中，我们只需要做到相互独立，而无须穷尽。

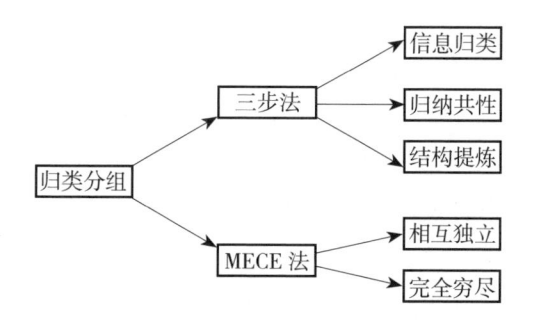

4. 逻辑递进

所谓逻辑递进，是指在金字塔结构中，每组中的思想必须按照一定的逻辑顺序来进行组织，这种逻辑顺序要符合人们观察事物的习惯。

蜗牛式创业

在归类分组里，我们要求每组中的思想必须属于同一范畴。但是同一范畴里的思想究竟是按照什么顺序来进行排列呢？为什么思想要放在第一位，而不是第二位、第三位呢？其实这就要求我们的思想必须逻辑递进，只有对同组的思想做这样的排序，才能让我们在思考与表达时有明确的理由，也才能让逻辑更清晰。

这种逻辑顺序在金字塔原理里共有四种。

第一种是结构顺序，也可以称为空间顺序，如东、西、南、北，这是按照主题结构的切割来进行的逻辑顺序，它的特点是化整为零。

第二种是时间顺序，如过去、现在、未来；也可以称为步骤顺序，如第一步、第二步、第三步。这是根据达成结果的可能路径来进行的逻辑顺序，它的特点是逐一进行。

第三种是程度顺序，如大、中、小；也可以称为重要性顺序，如重要、较重要、一般。这是按照同属性事物在某方面的程度不同进行的逻辑顺序，这个逻辑顺序的特点是水平比较。

第四种是演绎顺序，如大前提、小前提、结论。

因此，我们要想逻辑清晰，一定要逻辑递进，而且每组中的思想必须按照结构（空间）、时间（步骤）、程度（重要性）、演绎这四种逻辑顺序之一来进行组织。

学习金字塔原理思维，可以让我们更清晰和高效地思考，更加接近事物的本质和真相。逻辑能力更是我们的必备能力，拥有这个技能才能避免主次不分、前后矛盾、逻辑跳跃、条理不清、概念混乱等问题。

最后概括一下，冯唐曾经用一句话来解说金字塔思维："金字塔思维就是任何事情都可以归纳出一个中心论点，而此中心论点可由三至七个论据支持，这些一级论据本身也可以是个论点，被二级的三至七个论据支持，如此延伸，状如金字塔。"当然，拥有金字塔思维不可能只看以上内容就能拥有，建议朋友们买这方面的书籍再研读，只有经过理论学习和持续的训练，才能逐渐提高自己的金字塔思维能力。

八、创业中的永恒定律——熵增定律

熵增定律，本是一个物理学定律，由德国物理学家克劳修斯提出。它表示在一个封闭的系统内，热能总是从高到低，从有序走向混乱并逐渐消亡，并且这个过程是不可逆转的。因此，熵增意味着所有事物都是向着无规律、无序和混乱发展，而对抗熵增，就能实现负熵。薛定谔认为熵增过程也必然体现在生命体系之中，而生命需要通过不断抵消其生活中产生的熵，使自己维持在一个稳定而低的熵水平上，这就是他的著作《生命是什么》中的基本观点，即"生命是非平衡系统并以负熵为生"。

我们的人体是一个巨大的化学反应库，而生命的代谢过程则建立在生物化学反应的基础上。从某种角度来讲，我们生命的意义就在于具有自身抵抗熵增的能力，也就是具有熵减的能力。在我们人体的生命化学活动中，虽然自发和非自发过程同时存在和相互依存，但由于熵增的必然性，生命体将不断地由有序走向无序，并且最终不可逆地走向老化、死亡。

可以通过以下的例子产生关于"熵增"的共识：房间不收拾会变乱，手机会越来越卡，人会越来越老，太阳会不断燃烧衰变，等等。

在熵增定律下，事物总是向着熵增的方向发展，所以只要符合熵增的，都相对容易、舒适，反之则是痛苦、不适。比如：自律总是比懒散痛苦；变坏总是比变好容易；放弃总是比坚持轻松；运动总是比偷懒困难。

这就解释了为什么很多人总是做事情半途而废，因为让人变好的行为，都是在逆着熵增定律，执行的过程中总是伴随着痛苦，所以成功的人总是少数，而大部分人总是顺应熵增定律，也就导致了逐步走向混乱和衰退。生活中熵增定律最明显的体现就是现在很多人年纪轻轻就大腹便便，平时能坐着绝不站着，能躺着绝不坐着，有车绝不走路，不到30岁就已经失去了年轻人的活力和朝气。如果一直任由自己处于这种状态，就会让生活越来越死气沉沉，最终充满混乱。薛定谔认为生命以负熵为生就是让人要超越自己，就要不断地对抗熵增，不断地控制自己、管理自己，实现熵减，这个过程就是自律。

简单概括一下人在生活中的熵增与熵减："熵增"就是内在的混乱程度增加，代表人越来越懒惰，只追求一时的快乐；"熵减"就是内在的混乱程度减少，代表人越来越勤快，虽然当下一时痛苦，但会给自己带来长久的好处。

我小时候经常想，为啥所有的坏习惯都让人这么开心？比如睡懒觉、吃零食、不做作业。而所有的家长和老师都在试图不让我们舒服地活着。因为舒服地干这些事，符合宇宙天然的规律，我们就是舒舒服服地任其"熵增"，甚至还可以给它加把劲。家长在拼命逼着我们"熵减"。任何自律行为，都在负向做功，所以感到很辛苦。这么难受，为什么还要拼命熵减呢？因为熵减，会让你在更大程度上好受。比如，不打扫房间一时爽，但时间久了，谁也不喜欢待在一个混乱并充满异味的空间里。所以，如果顺应熵增，给你带来的快乐是1分，那最终的混乱带给你的感受可能是 −10 分。整体来说，还是很不划算。如果我们只需要在世界上存活一天，那每个人应该都会任其发展，并没有什么长远的痛苦在等待着你，但当你不可避免要活上几十年的时候，就不得不考虑"快乐总值最大化"这个问题了。所以我们活着，就是一个注定要一直"熵减"的过程。我们大多数人虽然羡慕着熵减的人，却在顺应熵增的定律，过着混乱而得过且过的生活，所以，我们要做到超越自己，就得给自己制订新的目标和计划。要不断突破自己，就不要让自己在舒适区停留。让我们做熵减吧，过自律积极的生活，让生活走向美好而不是混乱。

作为一个创业者，我们会更关心"熵增定律"在企业的实际管理中带来什么样的启示。

一个企业或者一个组织，在建立内部规章制度后，经过一段时间运行，会产生效率低、创新适应力下降、机制僵化、人心浮动等发展趋势，这种现象的产生就是企业或者组织中的熵增。在国内企业经营管理中，华为董事长任正非深谙企业的熵增定律，表示华为在经营发展过程中，"冬天不断来临"。对于国外企业的熵增定律应用，比尔·盖茨是最具有代表性的一个，他表示"微软离破产永远只有18个月"。

无论是个人还是组织，都会面临生命最终的归宿，也就是死亡。因为熵增是无时无刻不在的，世间的所有事物上演着熵增、熵减，进行着事物之间的此消彼长，我们虽然无法控制熵增、熵减的发生，但是我们可以提高熵减对个人以及组织产生的积极效应，降低熵增对个人以及组织产生的消极效应，从而有效地达到延缓衰败，提升生命的意义，实现个人及组织长久的生命力。

想要达到上述目标，实现长久的生命力，使熵减带来的积极效应大于熵增带来的消极效应，首先要对熵减和熵增有正确充分的认识，明确开放是实现熵减的基本前提，也就是说个人以及组织在生存发展中，要具有开放精神，通过改革创新，打破发展平衡实现熵减，使得个人以及组织可以在开放下理顺秩序，避免封闭带来的混乱。这也对应了熵减表达的是封闭系统缺乏外部环境交换，导致内部系统逐渐趋于混乱甚至加剧。对于组织来说，组织内部结构发展稳定，组织内的思想及观念就会逐渐趋于保守，形成因循守旧的习惯，相对应的组织改革创新意识就会降低，组织内部造血功能停止运行，进而利益固化。

据此，改革创新是企业保持长久生命力的有力保障，真正的企业家，会有效把握企业内部产生的熵增变化，采取企业改革创新，通过推进企业组织变革，优化内部流程，创新企业机制等方法，积极引进新技术、新观念、新思想、新服务，从而做到企业产品升级，进而有效降低熵增带给企业的消极效应，避免企业的经营管理受到伤害。

再者就是"惶者生存"。在企业经营管理中，须具备危机意识和忧患意识，保持一份"天行健，君子以自强不息"的定力砥砺前行。前者提到的微软和华为也是在企业的经营管理过程中，因为有危机意识和忧患意识，才做到使得自身企业在全球激烈的竞争中脱颖而出且保持领先优势。

旺盛的持久力与学习力是企业经营管理中不可缺少的一部分，学习能力是个人以及组织长久以来一直存在的话题，不断地学习可有效提升思维能力及分析能力，企业经营管理中的问题可做到正确的分析与思考，根据企业实际进行问题的解决与对策研究。在学习中，站在企业的角度，首先，企业要具有清晰的自我认知，即知道自己是谁，需要做什么，需要怎么做。其次，企业要明确自身的优势与不足之处，这样可有效发现企业在经营管理中问题的形成原因以及相关影响因素。再次，企业要明确发展目标与方向，站在国内外经济政治整体发展形势下，规划企业未来的经营战略，分析当下企业实现战略应具备的能力与资源，考虑实现经营战略短期和中长期的工作安排及努力方向、企业内部文化机制及队伍建设应该如何进行更新迭代等，这一系列的经营发展问题，都需要在不断地学习过程中来进行解答进而解决。因此，学习能力是降低企业组织中熵增，提升熵减的有效途径。

最后总结一下，管理学大师德鲁克说，管理要做的只有一件事情，就是如何对抗熵增。在这个过程中，企业的生命力才会增加，而不是默默走向死亡。

九、创业长盛不衰的哲学——保守的经营哲学

在当下激烈市场竞争环境下，创业者要使企业长久立于不败之地，一定要坚持保守的经营哲学。可能很多人对这一说法不太理解，但是保守的经营哲学确实可以保证企业长久经营。因为企业的经营发展，离不开经营者对市场风险的准确掌握与管控，经营者要通过有效措施，降低企业风险。所以，保守就是经营者规避风险、保证企业经营发展的基石。重视风险管理可有效做到企业在面对顺境时正常发展，面对逆境时积极改变，保证企业生存。同时，是否重视风险管理也表现着经营者的管理水平。

在全球经济高速发展的时候，很多创业者都能过得比较滋润，我们不容易看到水平的差异性，有些人即使是靠外在环境、运气也会赚到很多钱，就像是一个人坐电梯到了高层一样。但现在是全球经济增长放缓的时刻，创业环境变差了，我们就能看到什么样的才是好的企业家。

一个好的企业家一定具备以下两个特点：一是保守，二是保持现金流稳定。保守体现在哪里呢？

资本负债比例低

资本负债比例，也就是企业的净资产与企业负债的比较值。例如，2020年2月经济观察网发表的一篇题为《业内预测全年房地产规模降10% 偿债交付风险进一步加剧》的文章中列出，wind 数据显示，TOP20 房企中的净负债率方面，2019 年中期报净负债率超过 100% 的有 9 家企业，其中有 4 家房企超过 200%；发布 2019 年三季报的 10 家房企中，净负债率超过 100% 的也超过 5 家，其中有 2 家房企超过 200%。但是对于某些企业，尤其是具有保守型特点的经营者为代表的企业，例如李嘉诚、郑裕彤、李兆基和郭炳湘所经营的企业，负债比只有 20% 左右，相信大家会惊讶于二者之间巨大的差值，究竟是什么原因促使他们所经营的企业在资本负债比例上控制到这么低呢？其实，就是这些优秀的企业家具备同样的经营哲学，也就是"保守"。这些企业家在制订企业经营策略时，就牢牢地打下保守的基础，其中一个经营策略就是"对冲投资"，这些保守代表的企业家不会产生 A 行业经济好，就将所有资金都投入到 A 行业的决定行为，而是会全盘考虑，去做平衡，这样即使 A 行业经济不好，B 行业经济还好，两者就可以互补，风险变少，稳步增长。

大量的现金储备

作为创业者一定要明白稳定的现金流比某次赚了多少钱更重要，这对企业的经营管理来说至关重要。比如，郎咸平教授在对李兆基房地产公司过去二三十年的资料做了分析之后，发现李兆基经营的房地产公司在过去的经营中，居然有五年现金流为负，也就是说这五年房地产公司资金非常短缺，但是在这种情况下，企业依然在正常经营发展，没有倒闭。究其原因，发现李兆基还有两个产生稳定现金流的公司，一个是煤气公司，另一个是租赁公司，而这两个公司的现金流就为房地产公司的经济提供了支持与保证。

李嘉诚对资本负债率这一指标的控制，表现得尤为明显，他曾多次表示：旱时，要备船以待涝；涝时，要备车以待旱。李嘉诚在一次记者采访中表示，现金流是企业经营发展河流中最重要的一环，其在自身企业的经营中一直保持这一观念，且严格执行。李嘉诚从开始做生意之初就注重企业的现金流，知道身处风波不断的市场经营环境中，稳定的企业现金流是企业经营的基本保证，在以后的企业经营管理中，其一直秉持一个原则，就是企业的发展离不开稳健，而稳健又不能忘记发展，要做到二者之间的平衡。

我观察发现很多企业在有盈利的经营模式下，也会发生破产的情况，但是企业有一定的现金流，现金流保持在正数的水平上，就很少产生破产倒闭的情况。

企业如果要稳定且长久经营，在选择创业之初，创业者要对自己的能力范围进行明确的认知与掌握，尽可能地做到精细了解，减少误差，这样可有效保证创业者在创业中对企业经营管理中的行为做到最大程度的确定，在保守的前提下，保证企业的经营发展。

在创业过程中，不确定因素是实时存在且无法预测的，所以创业者必须具有保守意识，在企业的经营中保证企业稳定的现金流，逐渐增强自身以及企业的能力，等待合适的时机出现后，通过不断努力与经营，在不断学习的过程中逐渐提高企业的经营发展实力。对创业者而言，知道自己的能力圈多大非常重要，扩大自己的能力圈未必是明智的，我经常看到有人跑到自己的能力圈以外做事情，回头安慰自己的话就是"扩大能力圈"是要付学费的。其实，对大多数有能力创业的人而言，自己的能力圈里能做的事情实际上是足够多的，实在是没必要冒太大的风险跑到一个未知的地方去。

坚持保守经营，使企业在竞争激烈的市场环境中承受住大风大浪，长久的生存下去，这才是正道。

十、创业最容易被忽视的成本——机会成本

当今社会，成本观念已经深入人心。大家心里都明白，这个世界上没有免费的午餐，天上也不可能无端端地掉下馅饼。不管我们要得到什么，必须付出代价，这个代价就是成本，成本包含显性的和隐性的两种。比如我们为享用午餐而支付的金钱或者付出的时间等成本是显性成本，但这个并不是我们享用午餐所要考量的唯一成本。我们还会考虑我们还可以利用这些金钱和时间来干什么。这也是我们享用午餐要考虑的成本之一，虽然它无法登记在会计账簿上，但它却是客观存在的，这个就是机会成本。

机会成本的本质是一种选择或决策的代价，将资源用于某种用途时必须放弃的其他用途的价值。我们可以通过对机会成本的分析，要求企业在经营中要选择正确的经营项目，其依据是实际收益必须大于机会成本，从而使有限的资源得到最佳配置。机会成本与资源的稀缺性有关。因为资源是稀缺的，因此，我们做任何选择都是有成本的，做任何选择都是有代价的。

举个简单的例子，如果朋友送了你一张面值为45元的电影票，你如果拿电影票去看电影，那你此时付出的成本是时间成本和电影票成本的两者之和，虽然这张票是别人送你的，但它仍然能值45元，卖掉它就能拿到45元。所以，当你选择拿这张电影票去看电影，那么你放弃的机会成本，其实是你的时间成本再加上45元票价。

再做个假设，如果你的朋友送的是一张实名制的45元电影票，那么机会成本怎样算呢？实际上，由于这个情况限制了使用者，所以，你卖不出去，机会成本只有你的时间成本一项。

再假设，现在的电影票是45元，但是黄牛价已经炒到90元了，这时的机会成本怎样算呢？因为机会成本是按你动用了的资源的当前最大价值来计算的。票价已经是90元，那么你此时继续选择看电影，机会成本就是90元黄牛价和你的时间成本之和。

生活中，我们经常面临选择，如果按照经济学的理念来讲，那就是欲望无限，而资源有限，但其实，即使资源无限，时间也有限，不可避免是要做

出选择的。而选择这个的同时也意味着放弃那个，这是无法避免的。当然，放弃需要有明确的标准，否则会干丢了西瓜捡芝麻的傻事。如果这个标准是基于自己内心的，而不是随大流的，那么，做出的这个选择才不会违背本心，也不会让自己悔恨。

举个例子，唐玄宗登基初期，由于国家面临生产凋零、吏治混乱、贪污腐败等很多的问题，唐玄宗选拔了姚崇、宋璟等能干的大臣，并且贤明地采纳他们的建议，将主要精力放在发展国家经济上，使得社会生产有了大力发展，也大大增加了国库收入，全国各地都呈现出四海升平、国泰民安的繁荣景象，开创了一个新的盛世。

然而看到这个好局面之后，唐玄宗开始沾沾自喜，整日沉迷于享乐之中，任用奸臣李林甫为宰相，这就导致了吏治混乱，更离谱的是，唐玄宗整天与杨贵妃玩乐，不再牵挂朝政，最后因朝纲崩坏而引起一系列的麻烦。在爆发了"安史之乱"后，唐玄宗无奈从长安出逃。逃至马嵬坡的时候，军队杀死大奸臣杨国忠，并且逼迫美丽动人的杨贵妃自缢。从此，"爱江山更爱美人"的唐玄宗不只失去一位美女，也使得唐朝由盛而衰。从这个故事可见，唐玄宗付出的代价还是挺大的，值得后人去借鉴。

我们从机会成本的角度来分析这个故事，它告诉我们在选择了一种资源时就只能放弃另一种资源。也就是说，我们得到了这个，同时又失去了那个，正如古人所说的"有得必有失"。在故事里，唐玄宗刚登基时，为了让国家繁荣而放弃了自己享受玩乐的机会，这个时候对于唐玄宗来说，放弃的享受玩乐就是他的机会成本；同样，后来的唐玄宗"爱江山更爱美人"，把很多时间和精力用在和杨贵妃的享乐中，从此不问朝政，不理国事，导致"安史之乱"的爆发，也使唐朝走向了衰落，这件事对唐玄宗而言，因"爱美人"而让江山衰落也是一种机会成本。

当然，我们要理解机会成本和我们平时所说的成本——会计成本——是完全不同的两个概念，会计成本是能够通过会计报表直接体现出来的，它是一种显性成本；而机会成本则无法通过某种工具直接反映出来，它是一种隐性成本。有时利用会计成本去计算利润是正的，但如果用机会成本去计算，那就可能是负数。最典型的就是我们在核算收入的时候，通常就没有将污染等因素考虑进去。机会成本是经济学中的一个核心概念，只要是涉及选择就必然存在机会成本，因此，机会成本贯穿整个经济学，包括宏观经济学和微观经济学。比如，消费者在储蓄和消费两者之间做选择的时候，就会存在为了未来的消费而储蓄，必然损害当前消费能力的问题，这就是一种机会成本。再比如，如果一个刚毕业的大学生选择了读研究生，那么他整个读研期间损失的工资收入也是一种机会成本。由此可见，机会成本与我们形影不离。也正因为有了机会成本，才让我们学习经济学变得更加有意义。如果没有机会成本的存在，那么我们无论怎么选择，都不会因为得到什么而失去什么。

古语有云"失之东隅，收之桑榆"，其实这句话就告诫我们在某方面失去的，将会在另外一些方面得到，这就是机会成本。记得在大学期间，有很多同学因为成功恋爱而沾沾自喜，也有些同学因为失恋而郁郁寡欢。因为机会成本的客观存在，有些同学可能会在成功恋爱之后，失去很多的学习时间和机会，而失恋的同学因为没有恋爱只能好好学习，反而提高了知识储备。

回到创业的问题，机会成本在整个创业过程中都很有意义，特别是在创业者选择什么创业项目上更是如此，创业者选择了A项目，就意味不能选择B项目，机会成本这个概念有利于创业者在选择创业项目时更加慎重，因为得到的东西可能是你放弃的结果，失去的时候又可能是你得到的开始。当你真正懂得了什么是"机会成本"的时候，相信你一定能够达到"不以物喜，不以己悲"的豁达心态，只有这样，生活才会变得更加精彩。

十一、创业中容易被拖垮的成本——沉没成本

你是否有过这种经历：

▷ 排队等公交车，等了二十分钟还不来，继续等还是换成其他交通工具。

▷ 去吃自助餐，因为钱已经花了，全场任吃，明明已经吃饱了，还是感觉有点可惜，继续吃还是走出餐厅。

以上这些现象都可以用一个词来解释，就是——沉没成本。

简单来说，"沉没成本"就是指那些已经实际发生且无法收回的支出，这些已经付出的精力、时间、金钱等都属于沉没成本。如果简单理解"沉没成本"就是一句话：永远不要为打翻的牛奶而哭泣！假设一杯牛奶已经被打翻了，其实我们最重要的就是"放下"，千万不要再为这件已经发生且不可逆的事情影响自己的心情！因为牛奶已经损失了，无论你再怎么抱怨和后悔，都是于事

无补。这个时候最现实的做法是：总结经验、加强预防、专心做下一件事情！泰戈尔有一句诗，"不要为错过太阳而流泪，否则你将错过月亮和星辰"，是对沉没成本最好的注释。

在这里，我们要区分两个概念，沉没成本和机会成本一样，都是我们进行决策要重点考虑的成本。但这两者不同的是，机会成本虽然不是真实发生过的，但它是我们不能忽视的成本；而沉没成本则是已经实际发生过的，但它是需要我们努力忘记的成本。举个例子，企业花很多钱（比如一千万元）从国外引进一条很先进的生产线，但是买回来后，调试很长时间却一直不能正常生产，问题出在国内原材料精度不够，从而导致生产线经常出毛病，这时候，国内也有了这种国产生产线售卖，而且解决了原材料精度不够的问题。企业在此刻面临两个选择：是继续调试改造这条进口生产线，还是放弃进口生产线，在国内重新采购一条生产线？如果改造，原先花的一千万元，就属于沉没成本，不应该在企业考虑的范围内了，企业只需要考虑继续调试和改造的成本，将这个成本和新上一条生产线的购买、安装成本两者进行比较就行了，假设场地有限，那么拆除原有的生产线的费用也算是新上这条生产线的成本。

美国经济学家斯蒂格利茨曾经讲过一个例子：假如你已经花费七美元买了一张电影票。看了半个小时后，你发现这部电影太差劲了，这个时候，你应该离开影院吗？在做出这个决定时，你应当忽视那七美元，因为它是沉没成本。无论你是否离开影院，七美元都不可能再收回来。如果这个时候，你因为心疼那七美元，强迫自己看完这部差劲的电影，那你就是错过了太阳，又继续错过月亮和星辰。

生活中，我们经常为了避免损失而产生负面情绪，在这种沉溺于过去的付出中，漠视现实情况，选择了非理性的行为方式，就是"沉没成本谬误"。"沉没成本谬误"可能听起来比较抽象，但看看下面这个案例，你就能体会到它的可怕。比如，骗子们也会利用"沉没成本谬误"给我们设置陷阱：电信诈骗。很多诈骗电话，都是让被害人先交一些小钱，比如一百元、两百元，之后他们会慢慢加码哄骗对方，说再交三千元就可以全额返还所有的钱。很多受骗者为了不让之前的钱打了水漂，往往会一再追加，最后被骗得更多。

"沉没成本谬误"看起来很好理解，也不复杂，那为什么包括我本人在内的很多人，还是会掉进"沉没成本谬误"的陷阱呢？心理学家发现"沉没成本谬误"后面有两种原动力。

第一种原动力：来自"损失厌恶"。

人们对于损失的痛苦感受要远远强于得到和获得的快乐，因此，人们天生对于损失这类事情更加敏感。很多时候，为了避免损失，反而会继续追加投资。比如，我们去餐馆里吃饭，如果点完菜发现很不好吃，但是因为我们已经花了钱，为了不浪费，不想承认这个损失，我们可能会强迫自己多吃一些，实际上，这是花了钱又遭了罪。所以，是"损失厌恶"让我们吃撑了也会把饭吃完。

第二种原动力：人们自我辩解的心理动机。

自我辩解属于一种防御机制，表示当一个人出现认知失调（一个人的行为与他的信念不一致）时，这个人就会找各种理由去为他们的行为做辩护，或者干脆否认任何有关这个行为的负面评价和负面结果。心理学家研究发现，面对一个长达五年的负回报投资，人们会花更大的预算为破产公司抗辩，尤其当这项投资是来自他们自己的决定时。认知失调在这里发生的作用就是，自己所做的决定（行为）与他们所预期的结果（信念）并不相符，所以人们就开始自我辩解，在错误的决定中越陷越深，并且否认已经发生的负面结果，寄希望于未来。 尤其是在机构或政府体系中，直接放弃一项投入高昂的项目很可能会让决策者面临巨大的社会压力和名誉损失。举个例子，20世纪60年代，英法政府联合开发了一架大型商业化的超音速客机——协和式飞机。这个项目其实最初就是一场豪赌，因为设计一个新引擎的成本就高达数亿美元。虽然在研发过程中，他们发现成本骤升，而且风险大、前景不明，但他们一想到如果半途停下来，那将血本无归。最终还是将飞机研发出来了，但是飞机却因为不适应市场而被淘汰，这件事情让英法政府都蒙受了巨大损失。

当我们了解到"沉没成本"的两个原动力后，如何摆脱"沉没成本谬误"对我们造成的损失，就是摆在我们面前最需要解决的问题。另外，是否可以反向利用"沉没成本谬误"，得到有利于我们的结果呢？以下我将分成"5＋1"点进行论述，前五点讲如何摆脱"沉没成本谬误"，后面一点，我将分析如何反向利用"沉没成本谬误"得到我们想要的结果。

1. 具备危机意识

社会心理学家、说服术与影响力研究权威罗伯特·西奥迪尼在著作《影响力》中提到过一个现象：赛马场的人一旦下注了某一匹马，就会认为这匹马获胜的概率很大。这是因为人们在做完一个决策后，潜意识里总是试图通过各种方法来证明自己的决策是正确的。

实际上，他们所表现出来的这些现象，其本质就是对于"沉没成本"的过度迷恋，很多人一旦做了某个决定并开始有所付出的时候，他们就会不顾一切地去选择坚持。这个里面有两方面的因素：一方面，他们不想让自己的付出白白浪费；另一方面，他们也在试图证明自己的做法是正确而明智的。

在创业的过程中，有些创业者会陷入盲目的"自嗨"，而这种盲目的坚持大概率会造成更大的损失。比如，赌博也是一样的道理，当赌输需要撤退时，赌徒的想法是我已经付出这么多金钱了，不如选择放手一搏，而往往更大的损失就是在这种搏一搏的时候产生的。有时候，你越是坚持，损失越大。

2. 断舍离的思维

日本山下英子写的一本书叫《断舍离》，讲述的就是通过整理物品而了解自己，整理心中的混沌，让人生舒适的行动技术。

"断舍离"的理念对我们有很多帮助，其中一个就是能够帮助我们减少"沉没成本"对我们造成的影响。包括我本人在内的很多人可能会发现这么一个现象：就是家里的东西只会越来越多，即使很多东西没有用也不扔，其中重要的原因就是这些东西都是你曾经付出金钱、精力、时间换回来的。所以，即使现在用不上了，你也会觉得不能辜负自己曾经的付出，这些东西虽然没用也要留着。很多学习资料也是一样，我们曾经花钱买了这些学习资料，后来，我们的存储空间越来越紧张，而且这些资料的内容也过时了。明智一点就应该舍弃资料，但只要想到这是曾经花钱买的，就又舍不得了。

山下英子在《断舍离》中也给出解决方案：不管东西有多贵，有多稀有，能够按照自己是否需要来判断的人才够强大。所以，"是否需要"才是判断是否要丢弃的主要参考因素，而不是曾经有哪些付出，利用断舍离思维，我们就可以很好地摆脱"沉没成本"的影响。

断：代表决断，对"沉没成本"准确判断，然后当机立断。

舍：有舍才有得，敢于舍弃自己不喜欢的物品，无论曾经花了多少时间和精力，没用了就要舍弃。

离：远离琐碎事物，不要让它们浪费宝贵的时间与精力，更不要影响自己更长远的决策。

我们可以通过这种"断舍离"的理念，选择性地舍弃不想要的，舍弃对没用物质的迷恋，从而摆脱"沉没成本"的束缚。

3. 止损思维

止损，在投资领域通常也称"割肉"，是指为了避免产生更大的损失而采取的一种保护行为。虽然炒股要想赚大钱不容易，但要想少亏钱还是很容易的，通过"止损"就可以做到。但很多人却没有止损思维，在亏钱的时候总想着顶一顶就过去了，总认为情况还会好转，结果却是越亏越多，等到最后再想收手已经来不及了。创业中，我们遇到的很多情况都会用到止损思维，因为"止损思维"可以让我们及时终止当前行动，从而避免后面产生更大的损失，所以说，在摆脱"沉没成本"的影响上，"止损思维"尤其重要。

比如，当股票下跌时，设定一条止损线，跌到止损线，无论之前投入多少，都要立刻抛售；当电影不好看时，设定一条止损线，再看十分钟，如果还是感觉不行，马上走人；当工作不符合预期时，设定一条止损线，再坚持干一个月，如果还是不符合预期，那就换工作。止损思维可以给我们的目标设定一条红线，这条红线就是底线，无论在什么事情上我们付出了多少，只要触碰到了这条红线，就需要立刻做出改变。简单点讲，在错误的路上，停止就是前进；在错误的事情上，每多一秒都是浪费时间。

4. 减法思维

回忆一下，我们日常做决策的时候，总是希望能够综合多种因素再做最终决定，这虽然会让我们更全面地考虑问题，但是这也客观导致了影响我们最终决策的因素会很多，这就是典型的"加法思维"。比如，你在决定是否换工作时，你考虑的因素通常会包括职业规划、公司现状、行业机会、薪资水平、个人成长等等，除此之外，你还可能会考虑你已经在这家公司工作有多少年了。如果综合了这么多因素，客观就会催生出一个问题，虽然看似考虑到的因素很多，但其实你已经很难做出正确的决策。可以影响最终决策的重要因素通常只有几个，如果考虑的因素太多，我们也就无法判断究竟哪几个因素才是最重要的。

我曾经在换手机的时候，犹豫要换一台什么样的，我列出了我可能会考虑的因素，包括价格、品牌、外观、操作系统、品牌、配置等等。但是后来我发现，当我综合这么多因素进行决策的时候，我实在是选不出来真正适合自己使用的产品，这是因为考虑的因素太多，可选择的产品也太多。最后，我终于做了一个决定，只考虑两个因素——价格和配置，于是我选择了某品牌，虽然这是几年前的选择，但是现在看来选择完全正确。所以，在我们的决策受众多因素影响时，我们一定要利用"减法思维"——减少大部分无关紧要的因素，选择影响力最大的一个因素或几个因素来作为最终决策的依据。而且，在这些要减少的因素里首选"沉没成本"。

5. 换一种人设，摆脱沉没成本

很多创业者纠缠于"沉没成本"的一个重要原因，是因为他们不愿割舍自己之前的投入，但是这种心理实际上会导致他们在做决定时没法保持清醒的头脑。

这个时候，换一种人设向自己提问就是摆脱"沉没成本"的重要技巧。

比如，我们站在第三者的角度问自己：如果我不知道曾经付出多少精力、多少时间，那么我会做出什么决策呢？比如，在香港赌场题材的电影中，赌场里对钱有个很形象的比喻，已经输掉的钱被他们称为"死钱"，因为你输掉的钱本质上跟你已经没有关系了，所以会称之为死钱。但对于很多人来说，只要他们没有离开赌场，就觉得这些"死钱"应该属于他们，所以他们经常会拼命想要把那些"死钱"赢回来，而最终结果却是输得更惨。

所以，当我们身陷沉没成本而无法做出理智的决定时，就要换成另一种人设向自己提问。除此之外，当我们征求别人意见的时候，也可以通过交换人设的方式来提高征求效果。比如，你因为一个选择向对方征求意见时，可能对方给你的不是最真实的意见，这是因为对方在解答问题时会考虑到你的情绪。所以要想提高询问效果，你要使用交换人设的方法来提问，可以这样说：关于这个问题，如果是你，你会怎么选呢？通过这种提问方式，对方会完全站在他的角度提出对问题的看法，这样就大大提高了提问的效率和效果。日常生活中，我们几乎每个人都会遇到"沉没成本"，其实，比摆脱"沉没成本"更重要的是先意识到"沉没成本"的存在，也只有意识到"沉没成本"，才能有针对性地去摆脱和调整，而摆脱"沉没成本"的根本原因就是因为沉没成本不仅给我们带来不了任何价值，反而会影响我们对当前决策的判断。人生苦短，愿我们都能把时间花费在有用的事情上。

以上五点是讲如何摆脱"沉没成本"造成的损失，以下我将分析如何反向利用"沉没成本谬误"得到我们想要的结果。

前面举的很多例子，都是沉没成本的存在而让人们做不到理性地放弃。但是碰到一些欠缺理性的情况时，沉没成本又可以把你往理性的方向拉一把，使自己的行为更有目的性。就像"破釜沉舟"，消化吸收它的规律，利用它的作用机制，来控制自己的行为，督促自己。

比如，我身边有位同学就利用"沉没成本"，让自己努力学会了一项技能。我同学在快大学毕业时，对弹吉他很着迷，不过他以前从来没有学过。有些朋友建议他，要不先买一把几百元的入门级吉他，等到会弹的时候再换更好的吉他。但这位同学居然下了狠心，买了一把两万元的吉他。他说："每当我看到这把下了'血本'买回来的吉他挂在墙上，就会忍不住拿下来练习，否则就会觉得自己太浪费了。"而他的这个"怕浪费"的念头，就支撑他弹到现在，听说前几年在业余比赛中还拿了奖项。

再比如，一位同乡会的朋友说，他在组织同乡聚会的时候，人总是到不齐，不是甲有事，就是乙有事。为了改善这个局面，他想出了一个好方法，就是先提前在微信群里发起同乡聚会 AA 制收款，等到聚会的前两三天，再通知提醒一下，用了这个方法后，发现除了极个别人有突发事情来不了，绝大部分人能到了。以上这两个小事例都是在懂得"沉没成本谬误"后的反向利用：大家会为了避免损失从而坚持做某件事情。

总结一下，"沉没成本"就是指那些已经实际发生且无法收回的支出，已经付出的精力、时间、金钱等都属于沉没成本。因此放弃"沉没成本"是不会产生代价的，比如你放弃看一部不喜欢的电影，就没有产生代价；或者你放弃阅读不喜欢的书，也没有产生什么代价。

十二、创业者的六个关键认知

在信息高度发达的今天,科技的发展已经超过很多人的认知!我们所有创业者遇到的挑战,更多的是认知上的不足,因为我们原有的经验已经不够了,所以,能淘汰你的不是别人,是你自己。当一切都在不确定中时,预测已经不能帮你,你需要有能力去认知。什么叫认知能力?认知能力就是当你想了解客观世界的时候,你能不能获取各种各样的知识,能不能对客观世界有一个真正的把握。这种对客观世界的真正把握,以及对各种知识的组合,我们称之为认知能力。

索罗斯说过一句话:"机会和认识机会之间会有一个差距,这个差距才是你的机会。"也就是说,这个差距如果你比别人更先感受到,那就是你的机会,这也是他做对冲基金一直能够取胜的一个很重要的原因。

以下介绍六个关键认知:

1. 一切正在转化为数据

今天的人类正在创造一个与物理世界平行的数据空间,人们所做的一切都在数据空间中留下痕迹,而这一切的诞生正是源于互联网的出现。涂子沛在《数文明》一书里指出:如今的互联网,其价值不只在于连接,连接只是基础,它真正的区别在于记录、在于数据,而文明的基础就在于要记录、要积累。因此,愈发庞大的数据正在塑造一个新文明——数文明;数文明时代的来临就是将人类与大数据融合在一起,为人们展现一个应对世界的全新的认知思路;农业文明要依赖土地,工业文明也要依赖环境,城市便是工业文明的一个代表。而数据空间是完整的完全由人类自己建造的一个空间,一个虚拟空间,其中已经记录了越来越多的内容。这个文明是由每一个人提供数据,共同缔造出来的结果。

在过去,数据长久以来都作为企业的资产被保存,但由于缺乏有效的数据处理机制,大量的数据,分散于各处,难以联通,更难以汇聚。而今天的各种新技术的发展与融合,推动了数据时代的发展。云计算、大数据、AI(人工智能)等新技术的先后涌现,使得新应用层出不穷,产生了海量的数据、新的数据形态、新的部署环境、新的应用模式。赫拉利的《未来简史》讲到,未来一切都是数据处理。如果你把每个人都想象成一个数据处理器,人和人之间的交流就是信息交流。那么，整个人类社会就是一个数据处理系统。

在一切转换为数据的时候，我们会得到两个非常重要的特征：

（1）数据就是洞察力，因为数据可以帮我们更好地理解人性，理解用户的需求，会带来更高的顾客价值。只有理解数据才能理解消费者和市场，理解产业伙伴之间的关系，真正驱动整个价值的传递。

（2）数据即包容，意味着拥有数据就可以融合更多需求，产出更多价值。

2. 连接比拥有更重要

我们国家经济和科技的突飞猛进，在改善了我们生活的同时，也改变了大家以往的创业思路和创业方式。就像这段时间大家总结的段子：某宝没有一件货物，却整合着无数的商户；某滴没有一辆汽车，却做着出租车的生意；某信没有一个店铺，却成就了无数的微商。现如今，这种连接人与人的信息科技开始进入了高速的发展期。互联网让信息可以不受空间和区域进行传递，而且传递的成本更低。虽然互联网并不是科技本身，只是科技的一部分，是一种信息技术，但是互联网让人与人之间、人与信息之间互相交流进入高速发展的时期，进一步发展出融合传统企业的"互联网＋"，这不仅可以连接一个个的人，还让连接家居变得可控、让我们的生活有更高品质，这就是即将来临的物联网。在不久的将来，互联网与金融互相融合的"数字经济"将和大数据汇总成一张全景式的数字经济地图，赋能给各行各业。在这个数字化时代，我们的发展思维也必须跟上时代的步伐，不适合再用"拥有"来限制自己的能力边界，明白"连接"比"拥有"更重要！以下分三点说明一下原因：

第一，连接能够让个体或者企业突破和扩展自身资源和能力的边界。

"连接"最大的优势在于，它可以不受自身资源或能力的限制，从而更大范围地扩展资源和能力，在更大范围内将资源与能力聚合起来，最后突破了自身的资源和能力边界。而"拥有"是一种封闭式的思维，如果创业者强调什么都要自己拥有，就会被自身所拥有的资源能力所限制。前段时间，我到一个生产食品的朋友厂里喝茶，朋友说他想买一辆货车运输工厂的货物。我问他买车的出发点是想要得到什么，他讲工厂需要运输的货物比较多，自己买车不但方便还能省钱。我分析过去一年他公司的货物运输数据，发现我朋友买这部车回来，并不是单一线路固定数量的运输，而是想用一部车解决厂里的三个运输问题：将成品货物拉去发物流（每次数量和地点都不同）；到供应商的厂里拉半成品回来加工（地点相对固定，但数量不可控）；给一些批发商送货上门（市区一些路段要求货车有通行证）。分析这种使用情况，我发现他买一部车回来，不但解决不了货运问题，还会增加费用。我建议完全可以不用买车，在手机里下载一个货车平台App就可以了，上面有很多货车可以选择，大车拉大货，小车拉小货，不但可以随叫随到，还可以在需要拉货物的地方直接叫车，而不是叫厂里的车费时费力跑大老远拉货回来，另外，对于市区内的批发商的送货需求，其实在平台找一部有通行证的货车就解决了，根本不需要自己操心。

在当今这个时代，我们看一个商业模式的好坏以及有没有竞争力，不是单纯看企业自身拥有多少资源和能力，还要看企业能够连接到多少资源和能力。如果企业扩展的资源和能力边界范围越大，那么它的商业模式的竞争力其实就越强。就像阿里和腾讯那样，它们不断地通过投资和连接，使得自身商业帝国的边界和领域在不断扩大，使其竞争力也在不断增强。

第二，连接比拥有的成本更低。

我们从成本的角度看，选择"拥有"的方式肯定要比"连接"的方式成本高。比如自己买货车、自己建厂房、自己建生产线等，都是"拥有"思维。而"连接"就是可以采取租赁或者合作方式来实现产品生产，只要最终是自己的品牌就行了。简单概括一下，"拥有"是重资产思维，而"连接"是轻资产思维。创业者如果拥有重资产思维会导致企业发展比较慢，让企业错失发展的良机，而"连接"的思维则可以让创业者即使自身资源不足也可以实现产品生产，这样就能够更好地抢占市场先机。还是举上面我朋友买货车的例子，我朋友如果买一辆货车回来就需要一笔购车费用，货车日常的油费、保险、保养、车船税、停车费又是一笔费用；还要请一位司机，每月的工资和社保又是一笔费用；另外，不管买什么车型，装货量已经固定了，很难避免出现大车拉小货，小车却拉不了大货的情形，这样即使买了车，还可能出现再请一部车回来拉货的浪费情况。虽然每次使用平台货车的费用会比自己的货车费用要高一些，但是，如果将维持一部货车运转的整体费用平摊下来后，就会发现，叫货车平台的车还是比买一部车的费用以及后续费用划算得多。总结一下，创业者要在"拥有"和"连接"这两种方式间做有效切换，既然可以通过外包"连接"进行轻资产运作，为什么要占用自己宝贵的资金"拥有"呢？其实一个企业只要拥有自己的品牌、研发和营销网络就可以了，其他的方面都可以通过连接资源去实现。

第三，连接比拥有更具时效性。

因为"拥有"本来就是一个需要不断积累的过程，所以创业者如果什么都要等到自己有足够的能力或者充足的资金才去扩大发展，一定会错失很多市场机会。因为时间就是金钱，效率就是生命，在信息化时代的今天，企业的竞争时效性特别重要，而"连接"就是一种高时效性的思维和方式。

连接可以让企业更便捷、更高效地整合所需要的资源、信息和能力，另外还可以对跨空间和地域进行资源整合。举个培训例子，过去培训很多是以线下培训为主，人数和场地都会受到限制，但是现在通过线上连接，就可以对几万甚至是几十万学员同时进行培训，并且不受场地和地域的限制。另外，更重要的是可以随时随地学习。

总结一下，连接和拥有是两种不同的思维方式。在过去，大家可能习惯了拥有的思维，认为自己拥有的最好。比如，一定要拥有自己的厂房，一定要拥有自己的土地，一定要拥有自己的团队等。但在数字化时代，随着人工智能、移动信息技术、互联网、物联网、大数据以及云计算的快速发展，我们将要进入万物互联时代，人与人、人与物、物与物、人与信息等都可便捷地连接。连接是一种赋能思维，我们可以通过连接用户、连接资源、连接信息、连接人脉等，为企业或个人赋能。不论是创业还是个人成长，不一定自己拥有才能解决问题，有时候我们通过连接照样可以达成目标。所以说，连接比拥有更重要。尤其是初创企业，真的没必要设置那么多岗位，招那么多人，毕竟人工的成本越来越高。最好是通过外包服务、顾问、兼职等方式解决问题。比如，很多小微企业的财务做账和法律顾问都是外包的，这就是一个连接比拥有更重要的应用场景，我的公司就是采用这种方式，比较大程度地降低了公司的运营成本，而且效果也不差。

我们要明白，互联网时代其实为连接提供了很好的技术、场景和应用条件。无论是企业还是个人，最重要的不是自己拥有多少资源，而是你可以连接到多少资源。毕竟任何个人和企业所拥有的资源和能力都是有限的，而通过连接才能够不断扩展自己的资源和能力边界。

下面，我们分成四步分析该如何做好连接。

第一步，开放。不管是企业还是个人，如果要通过连接来赋能，最重要的就是保持开放。如果是一个封闭的系统，不向外界开放，也就无法产生连接。因此，做好连接的第一步就是成为一个开放的系统，才能与外界的资源、信息等进行连接。

第二步，整合。在对外开放，具备了连接的基础后，接下来就是如何有效地去整合外部的资源。注意要根据自身的需求去整合，将自建和整合两方面有效地结合起来。优秀的企业都是有效整合资源的高手。

第三步，协同。在我们具备连接和整合外部的资源和能力后，最重要的是接下来如何有效协同发展。因为不管整合多少资源，如果不能有效地协同起来，那就浪费了这些资源。有效协同起来，才能发挥连接的作用。

第四步，生态。当我们整合了资源和协同起来后，就会构建一个生态系统，其实连接的最终目的就是实现一个可以共生的生态系统。这个生态系统是比企业本身的资源和能力边界大得多的，而且能够自我进化，边界也没有明确的限制，会随着连接效应的扩大而不断扩大。

最后特别说明：连接比拥有更重要，只是针对大多数的普通产品和服务，而像一些有战略性意义产品的行业，比如高端芯片、核心工业软件、超高精度机床、顶尖精密仪器、光学玻璃等这些有战略性的核心产品或者核心技术，那就是"拥有"更重要，因为靠"连接"也是连不起来的。

3. 可信与开放协同是关键

2021年11月7日，在第三届世界科技与发展论坛上，中国科协、中国科学院、中国工程院、联合国教科文组织等260家国内外科技共同体发布了《开放、信任、合作倡议》，呼吁建立跨界、多元、多样的协同交流机制，打破创新合作壁垒，编织开放的国际创新网络，凝聚各国科学家的集体智慧，应对人类社会的共同挑战。理解、关注和响应不同主体合作诉求，寻求合作交流的"最大公约数"，共同推进国际科技合作交流。

在数字化时代的今天，大到一个国家的层面，小到一个企业，开放、信任、合作都是其发展的最优选择，企业将越来越需要自身通过强连接的能力和协同优势展开价值创造并获得新的优势。换言之，这是一个追求价值共创的时代，而不仅仅是追求个体竞争优势的时代。这是一个追求长远演化的时代，而不仅仅是关注一时一地胜负、一城一地得失的时代。

举个例子，2020年11月14日，长安汽车董事长朱华荣正式宣布，为了顺应时代的发展和用户的需求，长安汽车将携手华为和宁德时代联合打造一个全新高端智能汽车品牌。长安汽车在与华为、宁德时代的合作中，需要怎样一种彼此的信任、开放与合作？在这种模式里，怎样才能放下利益的纠葛，去着眼更长远的共创共赢？靠理想与情怀？靠志同道合？信任、开放与合作是一种全新的合作模式。参与者必须打破固有的思维框架，改变过去的主机厂、供应商的模式。究竟是谁主导、谁有话语权也不再重要。因为对于彼此来说，长安、华为、宁德时代三者之间就是伙伴关系。这三个主体都有自己的核心和长项，这个合作体系可以实现他们的价值，再说得直白一点，是彼此需要。在这个合作体系中，每个主体将不再是单纯的利益交换，而是共同经营同一个平台，相互帮助、彼此成就、取长补短、各取所需。2021年11月15日，基于长安、华为、宁德时代共同开发的智能电动网联汽车平台（CHN）打造的汽车品牌"阿维塔"在上海迎来首秀，这部在中国重庆进行整车策划以及研发和制造，在上海进行软件研发，在德国慕尼黑做设计的汽车诞生了。多方的共同努力为阿维塔注入集"硬件＋软件＋数字化触点＋智慧生态"为一体的能力。首款车型实车亮相，也让我们看到了"巨头"们强强联合的超强实力，这个是企业信任、开放与合作的一个典型例子。

事实上，生态系统本身就是一种新的组织形态。生态系统的特点就是彼此之间相互依赖与互补。在这样一种新的组织形态中，作为组织的企业，就必须打开自身的边界，改变自身的机制，才能融入更大的组织体系之中。与此同时，组织的逻辑必须从自利的逻辑转向利他的逻辑。用管理学者陈春花老师的话来说，管理者需要从关注企业自身的价值，转变为关注产业伙伴和顾客价值，从关注组织自己的目标，转变为关注组织相关成员的共同目标。

4. 从竞争逻辑转向共生逻辑

关于"竞争"和"共生"的不同，我通过描述两个动物界的场景来帮助大家理解。

竞争：在动物园，一个游客将一个桃子扔给一只小猴子，小猴子捡起桃子看了看就准备往嘴里塞，这时，一只大猴子看到了，就扑了过来，抢了小猴子手中的桃子，小猴子不甘心桃子被抢，就追着大猴子跑，跑了一会儿，大猴子摆脱了小猴子的追赶，爬上一块大石头，准备享受胜利果实的时候，又窜出一只猴子，抢了它的桃子……这个就是动物界常见的竞争场景。

共生：在非洲热带和亚热带地区，生活着一种叫埃及鸻的小鸟，它是鳄鱼的好伙伴。每当鳄鱼饱餐后，趴在河滩上晒太阳的时候，埃及鸻就会进入鳄鱼的口腔中啄食蛙、蚌、鱼等肉屑，以及寄生在鳄鱼口腔内的水蛭。在这个过程中，有时鳄鱼突然将大口闭合，埃及鸻就会被关在里面，这个时候，埃及鸻只要用喙轻轻击打鳄鱼的上下颚，鳄鱼就会张开大嘴，埃及鸻随即飞出。埃及鸻是一种感觉很敏锐的鸟类，一有声响，它就会喧哗惊起。所以，每当鳄鱼睡觉时，埃及鸻就会给它"站岗放哨"，当有"情况"时，埃及鸻立即喧噪，就会惊醒正在睡觉的鳄鱼，鳄鱼就能够立即沉入水底，避免一场灾难。埃及鸻给鳄鱼站岗放哨和清理口腔，鳄鱼则给埃及鸻提供食物，这就是埃及鸻和鳄鱼的共生。

现在我们从动物界回到人类社会，回顾过去，在工业化时代，企业的能力和资源是其实现战略的关键要素。企业只有通过一系列的努力才能获取资源、提升能力，构建核心竞争力。因为资源总是有限的，所以企业如何去争取资源、占有资源，也就成为其在竞争中取胜的关键。同时，由于市场也是有限的，所以企业要想生存和发展，就必须跟竞争对手争夺这个有限的市场。因此，企业的关键价值是满足顾客需求，而战略的关键要素是拥有比较优势，经营的核心是如何得到竞争优势并最终在竞争中获胜。所以商场如战场，企业只有与竞争对手争夺顾客和争夺资源，才能最后得到赢利的机会。

在工业化时代，虽然价值创造重要，但是价值分配更是关键。因为胜者为王，所以如何胜出是企业最关注的问题，只有胜利者才能在价值分配的环节确保自身利益的最大化。所以，这也让竞争一步步变成了对抗，甚至可能是敌对。行业中不断升级的恶性竞争，将会慢慢演化成竞争者的互相伤害，最后变成一场没有赢家的战争。企业之间过于陷入局部的争夺，反而会使得企业失去对大局的把握能力。企业如果用对抗的思维去制定战略，即使赢了，往往也是残局。太强的竞争与敌对意识会限制企业的视野和格局，会影响企业的判断和思考以及策略选择，从而陷入跟对手较劲的死结中不能自拔。

但是在今天，数字技术使得竞争逻辑这个问题发生了根本的变化。我们在战略上只能由竞争逻辑转向共生逻辑。因为满足需求的空间已经无法帮助企业成长。今天企业的成长最重要的是：创造需求。身在数字化时代的我们会发现其实很多需求是被创造出来的，甚至我们自己都从来没有了解过这些需求，或者说，我们根本没有发现这些需求的存在。因为在未知的、全新的领域里，企业事实上也不知道它的竞争对手是谁，所以企业在战略上的关键并不是要获得比较优势，而是要获得生长空间，核心就是找到共生伙伴，创新顾客需求，创造顾客价值。实践证明，只要企业创造需求，就必须回归顾客价值，这样就不是一个"输赢"的概念，而是一个叫作"生长空间"的概念，而这个"生长空间"一定要有共生的逻辑。

总结一下，我希望创业者在战略中，一定要从竞争逻辑转向共生逻辑。明白需求是被创造出来的，懂得重要的不再是空间意义上的现有需求之间的零和竞争，而是时间意义上的在未知领域创新顾客需求的努力。价值创造将代替价值分配，成为决定企业命运的关键因素。企业的对手不再是其他企业，而是自身为共生伙伴持续创造顾客价值的能力。企业生存与发展的关键是建立或者加入一个以协同和合作为特征的生态系统，并通过不断地共同演化来共创价值，从而共创辉煌。

企业在战略当中有三个最重要的问题：企业想做什么？企业能做什么？企业可以做什么？竞争逻辑和共生逻辑在战略上，围绕这三个问题有不同的解答方式。传统的竞争逻辑就会告诉企业想做什么，只是企业的初心和梦想，而能做什么则要看你有什么资源和能力，可做什么就是看你进入哪个领域，它的边界条件是什么。但是数字时代，我们发现这个全变了。如果我们用共生逻辑就会发现，你想做什么，你只需要重新定义就好。你能做什么，那就看你可以跟谁去连接，你没有资源也没有关系。你可做什么，根本不会受行业边界的影响，你跨界就可以了。

《孙子兵法·谋攻篇》里有一段著名的话："是故百战百胜，非善之善者也；不战而屈人之兵，善之善者也。"将孙子兵法结合现代企业的战略，可以这么理解：好的将军要追求超越战争，好的企业要追求超越竞争。如果讲全胜是军事战略的最高境界，"共生"毫无疑问，就是商业战略的最好范式。从来没有企业像今天一样，能够在共生中更好地去创造价值。共生不但改变竞争的重心、面貌以及形态，而且共生还能够让我们更好地回归商业本质，使得真正为顾客创造价值的长期主义成为可能，共生正在成为企业持续盈利的唯一选择。

5. 顾客主义

在数字时代，顾客是唯一解开战略谜题的钥匙。为什么说是唯一的？原因就在于：只有顾客是确定的，其他都是不确定的。德鲁克认为，企业只有一个定义，那就是创造顾客。而在数字化时代，其实企业只有一个定义，那就是创造顾客价值。数字技术可以让企业更容易贴近顾客；只有顾客的逻辑是真正可靠的逻辑，别的逻辑都不可靠，因为顾客是真正买单的那个人。在动荡与充满不确定的环境里，对企业而言，与顾客在一起的逻辑更可靠。如果能直接贴近顾客并与顾客展开对话，企业的发展机会变多，发展空间也会变大。

京瓷公司就是坚持"顾客主义"才获得巨大的成功，在京瓷公司创业之初，它的知名度低，导致产品销售非常困难，稻盛和夫意识到如果可以在技术领先的欧美得到认可，那么，京瓷公司就可以快速打开日本市场，因此京瓷公司积极地开拓海外市场。终于在1966年，京瓷公司从美国的IBM（国际商业机器公司）获得了用于IC（集成电路）的氧化铝基板订单。当然，这份订单的技术要求相当高，并不是当时的京瓷公司可以轻易完成的。因为在当时，基板规格书通常只是一张简单的图纸，但是，美国IBM的规格书却有一本书那么厚，而那个时候，京瓷公司却连测定精度的设备都没有。稻盛和夫出于无论如何都要满足客户需求的使命感和将企业做大的愿望，勇敢地接受了这一课题的挑战。京瓷公司除了要引进可以满足美国IBM严格要求的设备以外，还要不分昼夜地开发样品，从开发到量产倾注全力。在全体员工齐心协力地不懈努力下，京瓷公司终于顺利地将被认为不可能的产品交付给了客户。这一次成功，极大地提高了京瓷的销售额，客观上也使得京瓷的品质管理能力、生产能力、技术实力得到了飞跃性的进步。与此同时，京瓷公司由于能够和美国的大型企业建立业务往来，也使得公司的信用度大幅提升，订单激增。

从以上的事例，我们可以看到京瓷公司为满足顾客而进行的不懈努力不但实现了自身技术的进步，同时也为公司事业的发展开启了大门。

在传统的市场竞争中，很多企业将满足顾客需求当成一种战胜对手的手段，胜利才是企业竞争的最终目标。企业在打败竞争对手、获取利润和为顾客提供价值这三者之间，常常遗忘了更好地为顾客提供价值。即使那些关注顾客价值的企业，它所做的价值创造也只是在自己的封闭体系中完成的，顾客与企业是隔离的。而在共生的时代，顾客将从价值的被动接受者，变成价值创造的共同创建者和主动参与者。可以这么理解，价值是由企业和顾客一起创造的，顾客关注的不但是拥有产品，还有自己的体验，以及在消费中的价值创造。生产和消费之间的边界将会消失，企业只有把顾客纳入价值创建的过程，和顾客融合在一起，将顾客视为价值共创不能缺少的部分，才能快速成长。

一句话总结：在数字化的时代，顾客价值不再是一种概念，而成为一种基本的战略思维和准则。从这个意义上说，企业要发展就要回归到商业的真正本质。

6. 长期主义

实践证明，创业者只有坚持"长期主义"才能超越危机，因为外部环境是不确定的，所以最重要的是创业者要笃定，在不确定性中寻求稳定性。这就需要依赖稳定的价值观，也就是长期主义价值观。长期主义价值观旨在追求最基本的价值、人本性的善良与真诚，推动人类社会进步，增进人类的福祉，这些是可以穿透时间、超越危机的。

下面我分成创业者和企业两部分讲述如何更好地实现长期主义。

（1）创业者该如何实现"长期主义"

在讨论长期主义之前，我们要先了解哪些是短期主义。有三种非常典型的"短期主义者"，分别是机会主义者、速成主义者、犹豫的人。

所谓"机会主义者"，就是整天在找这个"风口"或者那个"风口"，一下弄房产，一下弄直播，总想不必花费什么力气就实现财富自由的人。

所谓"速成主义者"，就是想一口吃成个大胖子，或者想一步登天的人。这种人内心渴望快速成功，因此显得急功近利，经常处于焦虑之中。

所谓"犹豫的人"，就是无法彻底放弃内心想要到达的地方，却又没法下定决心启程出发的人。这类人总想找到百分之百的确定性才能做决定，于是就一直纠结犹豫着。这种状态类似于双脚踏两船的人，也像是一个"等待着的人"或者"凑合着的人"。这类人将"得到结果"想得太过简单，内心没有抱持"长期主义"的信念，只是认为它应该立即出现，最后在"想要实现未来"与"无法立刻实现"两者之间走向了旷日持久的"犹豫"。

以上这三种就是创业者最为普遍的"短线主义者"的思维模式以及行为方式，它们会给创业者带来阻碍和情绪困扰，不利于创业者。

如何坚持"长期主义"？简单讲就是要找准自己的领域，把每件小事做到极致。要做长期主义者，就要避免短时思维和行为，重要的那几件事情一定要长期地坚持，这个时间不是五年、十年，是贯穿一生的。

第一，坚持终身学习。学习其实不仅是工作赚钱的需要，更是创业者本身的需要。无论创业者处于什么样的人生阶段，只有通过学习不断获取知识，才能跟上时代的步伐。相反，如果创业者不再学习和求知，这样的状态就是缺乏长期主义精神的。

第二，坚持锻炼，保持身体健康。健康是每个人人生的底盘，如果没有这个底盘，那就什么都托不住。假如健康出问题，那就会导致事业无法追求、生活无法享受、财富不断流失。

第三，坚持帮助他人和回报社会。在人类社会，一件物品的价值只有通过与他人交换才能体现，而一个人的价值则是通过对他人的帮助体现的。我写这本《蜗牛式创业》也是为了给创业者一些经验和教训，我相信一个不断给予的人，必然能够收获丰盈的内心。

第四，坚持谨慎理财、不断储蓄、生活有节。要理解这几个要点，我认为清代儒将左宗棠的"发上等愿，结中等缘，享下等福；择高处立，就平处坐，向宽处行"这副对联是最好的注解。上联说的是，要胸怀远大抱负，顺应人生的际遇，享受平淡的生活；下联说的是，看问题要高瞻远瞩，做事情要脚踏实地，过日子要心态平和。

以上这四方面有助于我们成为长期主义者。如果创业者的生活习惯无法符合上面的某一方面，那么他就应该做出改变；如果是工作让他无法做到上述的某一方面，那么这个工作就应该调整。

长期主义者是务实的，他们不但能抬头看月亮，也能看清当下的路。长期主义者需要站在远见和大局之上来安排自己的事情。经常要提醒自己，要理性对待所谓的潮流、时下热点，离眼前的小利远一点，尽量站到高处看事情，最好尝试着站在人生或者社会发展的角度看事情。只有创业者"风物长宜放眼量"了，格局也就大了，他的精神也就更靠近长期主义了。

（2）企业该如何实现"长期主义"

需要建立"长期主义"企业价值观。真正能够实现超越的，绝对不是机会主义，而是让生活变得美好的"长期主义"企业。

企业应该从预测判断转向不断进化。对于企业来说，重要的不是做预测判断，而是应该不断地进化。一家企业想要长期发展，重要的不是考虑所处行业有没有红利期，而是应该不断迭代，适应行业的变化，这才能立于不败之地。就目前的实际情况而言，没有传统的行业和新兴的行业，没有朝阳行业和夕阳行业，在任何时候和在任何行业都可以看到超过平均水准的好公司，所以企业一定要不断地调整，适应新的变化。

企业应该致力于不可被替代性。企业如果被替代了应该怎么办？企业应该怎样跟别人产生关联？其实如果一家企业能够致力于不可被替代的时候，所有人都会跟它连接。如何做到不可替代，可能会感觉挺复杂，但核心点只有一件事情：如何更好满足顾客的需求！做好这件事情其实就可以了。当一家企业能够心无旁骛，踏实去做好这件事情的时候，就不会有谁可以淘汰它，可能有更多的人去连接它，这就是企业最该做的事情。一家企业没有独特的价值而被市场淘汰，这才是企业衰败的真正原因。所以，企业一定要致力于打造不可替代的价值，这样就没有人可以淘汰你。

企业要从固守边界到开放。企业一定能够打开边界，不要将自己守得太过严密，如果一家企业不能转向平台化，无法开放、连接和协同，这家企业一定没有机会。

企业要构建共生的生态，让企业与环境、供应商、顾客形成共生关系、互为主体的关系，而不是主客体关系。企业只是这个生态的一部分。

企业做好当下才能赢得未来。让我们从英国自行车队的案例开始讲起，在《掌控习惯》这本书中，就讲述了这个案例。

2003年，英国自行车运动协会——英国职业自行车运动的管理机构，聘请了戴夫·布雷斯福德担任协会新的绩效总监。此时，英国职业自行车手的表现已经陷入近百年的低潮了——英国自行车队在1908年到2003年间，只拿到一枚奥运会金牌，且从来没有拿过环法自行车赛的金牌。甚至由于英国车手的表现实在太过平庸，欧洲一家自行车制造商拒绝向英国自行车队出售他们的产品，理由是担心其他国家的职业运动员看到英国自行车队也在使用同样的装备时，可能不愿再选购他们的产品。

戴夫·布雷斯福德就是在这样糟糕的局面下开始了他的工作。他制定了"边际收益的聚合"战略，并开始一丝不苟地执行。这个战略的基本理念就是：

在你所做的每一件事上寻求哪怕是极细微的进步。

戴夫·布雷斯福德说："从根本上来看，我们遵循着这样一条原则，就是把有关骑自行车的整个环节都分解开来，然后把每个分解出来的部分改进1%，当你把各个部分的改进都汇集起来之后，你会发现整体上的显著提高。"

戴夫·布雷斯福德并没有采取什么大的举措，比如将一个队伍全部换人，或者引进外援，他只做到这一点：就是将每一个环节提升1%。下面是他和他的团队的具体措施：

- 他们重新设计了自行车座，让自行车手坐起来更舒适。并且在车胎擦涂酒精，让自行车获得更好的抓地力。
- 他们要求自行车手穿着电热鞋套，确保他们在骑行期间，让肌肉维持理想的温度，并使用生物反馈传感器来监测每个运动员对特定锻炼模式的反应。
- 他们还利用风洞测试给自行车手穿的各种织物，找到更轻便、空气阻力更小的室内赛服，并给车队的户外车手换上。
- 他们还测试了各个品种的按摩凝胶，找到能够帮助肌肉恢复得更快的那种。
- 他们还聘用了外科医生，并且教给每个自行车手最佳的洗手方式，从而降低患感冒的概率。
- 他们为了确保队员们获得最佳睡眠，专门选配了不同类型的枕头和床垫。
- 他们担心灰尘会降低精心调校过的自行车的性能，将团队卡车的内部漆成白色，以便发现灰尘并清除。

经过大家的共同努力，戴夫·布雷斯福德在接手英国自行车队五年后，在2008年北京奥运会的场地自行车赛场上，英国自行车队拿到了七枚金牌。

四年后的伦敦奥运会，英国自行车队拿到八枚金牌，同年布拉德利·威金斯成为第一位赢得环法自行车赛冠军的英国骑手。次年，他的队友克里斯·弗鲁姆赢得了比赛，并在2015、2016、2017年连续夺冠，使得英国队在六年内，五次夺取了环法自行车赛的冠军。

在2007年至2017年的十年间，英国自行车运动员共夺得178次世界锦标赛冠军，66枚奥运会或残奥会金牌，并在环法自行车赛中连续获得了五次冠军，被广泛地认为是自行车运动史上最出色的成绩。

从上面这个事例，我们可以看到，可能每天改进1%并不是很引人注目，但它非常有意义，纵观你由无数个时间节点所构成的整个人生过程时，就是你的选择决定了"你可能是谁"和"你是谁"之间的不同。命运是日常累积的产物，每天一点小小的改进就能给我们带来巨大的变化。这种"潜移默化"的变化和"瞬息万变"的变化，虽然在形式上完全不同，却同样可以产生重大改变。我们很多创业者经常会高估人生某个决定性时刻的重要性，却低估每天都要进行微小改进的价值。

我倡导的"蜗牛式创业"是一种基于长期主义的创业方式，它符合"做好当下才能赢得未来"的理念。"蜗牛式创业"并不强调创业的形式，也不追求创业的速度，每天都在前进，每天都在接近目标，踏踏实实地做好自己的每一件事，崇尚"慢就是快"，不做过犹不及的蠢事，最后祝愿所有创业的朋友享受生活、享受创业、享受成功。

参考

王硕. "开放、信任、合作"——来自世界科技与发展论坛上的科学家声音[N]. 人民政协报，2021-11-11.

詹姆斯·克利尔. 掌控习惯[M]. 北京：北京联合出版公司，2019.

陈春花. 价值共生[M]. 北京：人民邮电出版社，2021.